伟人故里

中国历史文化名村

广东省生态示范村

广东最美的乡村

孙中山与翠亨历史文化丛书

翠 亨 村

黄健敏　著

文物出版社

责任印制：王少华

责任编辑：张广然

图书在版编目（ＣＩＰ）数据

翠亨村/黄健敏著. —— 北京：文物出版社，2008.10
ISBN 978-7-5010-2604-3

Ⅰ. 翠… Ⅱ. 黄… Ⅲ. 村史－中山市 Ⅳ.K296.55

中国版本图书馆CIP数据核字（2008）第140759号

翠亨村

黄健敏　著

文物出版社出版发行

（北京东直门内北小街 2 号楼　邮政编码 100007）

http://www.wenwu.com

E－mail: web@wenwu.com

北京图文天地制版印刷有限公司印制

新华书店经销

787×1092　1/16　印张：18.25

2008年10月第1版　2008年10月第1次印刷

ISBN 978－7－5010－2604－3

定价：50.00元

总　　序

　　孙中山在翠亨村诞生，并由此走向世界。翠亨村及其附近，中西文化的碰撞与交融产生了这里的特色文化，在中国近现代历史上涌现出以孙中山为杰出代表的一批风云人物，这绝非历史的偶然，这个区域的历史人文值得深入探寻与研究。孙中山故居纪念馆把"孙中山与翠亨"作为业务工作的主要聚焦点，亦是必然。

　　孙中山故居纪念馆从1956年成立至今已50周年。近年来，本馆围绕"孙中山与翠亨"这一业务工作的主要聚焦点，坚持"保护文物及其环境求发展"的宗旨，坚持"有特色才有生命力"的理念，在文物及其环境保护方面坚持"守旧"——守护价值，在管理理念和手段方面大胆创新。我们建立了以"孙中山及其成长的社会环境"为主题，兼具历史纪念性和民俗性、立体和多元化的陈列展览体系，并以现代管理理念及网络化、数字化、智能化的科技手段，运用现代系统理论、ISO9001国际质量管理标准体系和ISO14001国际环境管理标准体系实行科学管理。

　　在孙中山故居纪念馆的业务基础上，我们组建了"中山市民俗博物馆"、"中山市孙中山研究所"、"逸仙图书馆"以拓展业务，相关的研究不断取得成果。本馆与相关部门合作建立"广东省社会科学院孙中山研究基地"、"中山大学中国近现代史教学实践基地"，对本馆业务研究工作是一个很大的促进。我们在努力实现本馆科学研究职能的同时，发挥自身的社会教育职能，积极开展普及性的社会教育工作，建设好"全国爱国主义教育示范基地"。我们注意处理好博物馆学术研究与普及教育的关系，注意处理好博物馆业务职能与旅游服务的关系，取得了良好的社会效益、经济效益和环境效益。

　　在本馆把业务工作的主要聚焦点放在"孙中山与翠亨"，以孙中山及其成长的社会环境开展业务与研究的同时，"孙中山与翠亨"的课题也越来越多地受到了孙中山与中国近现代史研究及民俗文化研究学者的关注，一些学者也积极参与其中，开展了相关的调查和研究工作，我们为这些学者们的工作提供了必要的支持和帮助，他们的研究成果也许是"孙中山与翠亨"主题的重要构成或补充。

孙中山故居纪念馆、中山市孙中山研究所以"孙中山与翠亨"为主题，推出系列丛书，推介本馆业务人员和有志参与这方面课题研究的学者的成果，向读者和游客介绍孙中山及其成长的社会环境，向相关的研究者提供参考资料，以此进一步推进孙中山及其成长的社会环境以及孙中山领导的革命运动和相关人物的深入研究，同时也为实现本馆社会教育职能、开展普及性的工作奠定基础。

2006年我们迎来了孙中山故居纪念馆建馆50周年、伟大的孙中山先生诞辰140周年，我们从今年开始推出"孙中山与翠亨历史文化丛书"，有着特殊的纪念意义。今后我们将陆续推出该系列丛书的其他相关资料、文献、图集和著作。

我们不否认我们的进步。但是，我们深知，目前本馆的业务能力和研究水平依然有限。我们希望通过"孙中山与翠亨历史文化丛书"的推出，得到专家、学者以及广大读者的批评和指导，以促进和提高我们的研究水平，进而推动和促进我们其他工作的同步发展。

我们将向着更高的目标不断向前迈进。

孙中山故居纪念馆

中山市孙中山研究所

2006年9月15日

目　录

岭南古村

明嘉靖《香山县志》所载香山全景图

香山之东　背山濒海

　　翠亨村本是广东香山县的一个普通小山村，如果不是孙中山先生的故乡，今天也许在地图上都未必找得到它的名字。

　　香山县位于珠江口西岸，宋代以前是珠江口外伶仃洋上的山地和丘陵岛屿，属东莞县管辖。宋《太平环宇记》载：香山在东莞"县南隔海三百里，地多神仙花卉，故曰香山。"南宋绍兴二十二年（1152）设香山县，将南海、番禺、新会三县濒海之地划入，属广州府，县域大致包括今日的中山市、珠海市及澳门特别行政区。建县八百多年来，香山经历沧海桑田的变迁，宋、元、明代，香山被列为下等县。明《永乐大典》载："香山为邑，海中一岛耳，其地最狭，其民最贫。"明代以后，沙田逐渐成陆，岛屿与陆地连接加速，经过人口的迁徙和社会融合，农业、商业、交通迅速发展，至清嘉庆、道光年间，"乃与南（海）、番（禺）、顺（德）、东（莞）等同列大县"。1925年4月，为纪念孙中山先生，香山县改名中山县。1929年2月，以"中山县为总理（孙中山）故乡"，"该县为粤中最繁盛之区，岁入甚巨，民智早开，人才辈出"等理由而确定中山县为全国模范县。1983年中山撤县建市，1988年升格为地级市。

　　浏览香山的历史，很容易发现一个有趣的现象，香山县城石岐隐然是一个分界线，石岐及西北，尤其是小榄、古镇、濠头、大涌、长

清嘉庆年间的香山县全境图，图上已标出"翠亨"地名。（中山市档案馆提供）

洲、沙溪等地区，位于珠江三角洲新旧冲积平原的分界线上，这些地方有许多的地方豪强，他们通过修祠堂、建立宗族，推行儒家教化，培育子弟猎取功名等熟知的文化手段去与王朝体制建立关系，确立在地方的权势。他们拥有自己的武装，控制粮食的生产、贸易和土地的开垦。香山县在科举方面的主要成就，绝大部分集中在这一片区域，单小榄一地，明清两代的文、武进士就有五十多人。叙述古代香山历史时所津津乐道的文人名士，如黄畿、黄佐、李孙宸、何吾驺、马炯、伍瑞隆、何璟、刘熽芬、郑藻如、黄绍昌等，也都来自这些地区。在某种程度上，可以说近代以前香山的经济、政治与文化的中心就在这片地区。

县城石岐东南及以南的区域，则在近代大放异彩，北面的区域反而黯然失色。民国年间曾担任香山县长的郑道实在《香山诗略·跋》中曾指出："吾邑（香山）三面环海，有波涛汹涌之观，擅土地饶沃之美，民情笃厚，赋性冒险"；"兼之僻处偏隅，鲜通中土，无门户主奴之见，有特立独行之风。"这段评述拿来形容县城石岐东南及以南的区域，似乎更为贴切。这片区域在文化传统、经济发展及社会控制上，都逊于石岐以北的地区，同时又与澳门这个中西文化交融的地区唇齿相依，有大量的海外华侨，由于地缘与人缘的契机，能够得风气之先。人类学家克罗伯（Alfred L. Kroeber）曾问过这样一个问题：为什么天才成群地来？近代香山南面的这片区域似乎就印证了这句话。从早期著名的唐、徐、郑、莫四大买办家族，到郑观应、唐廷枢、容闳、陆皓东、唐绍仪、程璧光、吴铁城、孙科、王云五、马应彪、郭泉、郭乐、蔡昌、唐国安、梁如浩、苏曼殊、吕文成、苏兆征、林伟民、杨殷……，中国民主革命的伟大先驱孙中山先生，更是其中最璀璨夺目的一位。我们曾根据现存文献史料统计出有名字、籍贯及事迹可考的香山籍孙中山革命的支持者共超过三百位，其中九成半以上是石岐以南的这个区域的人士。这些香山儿女虽然都是在香山外面的大舞台成就他们的功业，但他们的成功都离不开早年生活的这个特殊的地理和人文历史环境。

张灏先生曾提出近代中国实际存在心态不同的"两个世界"的卓越见解。近代中国各地社会变化速度的不同步现象是明显的，不但沿海通商口岸及其影响辐射区与广大的内陆地区是"两个世界"，从香山县的例子来看，也可以不太准确地概括说，因为历史传统、文化和地理因素的影响，清道光《香山县志》所载香山县"大字都"图，"翠亨"已在其中。

右页图为当代中山市地图

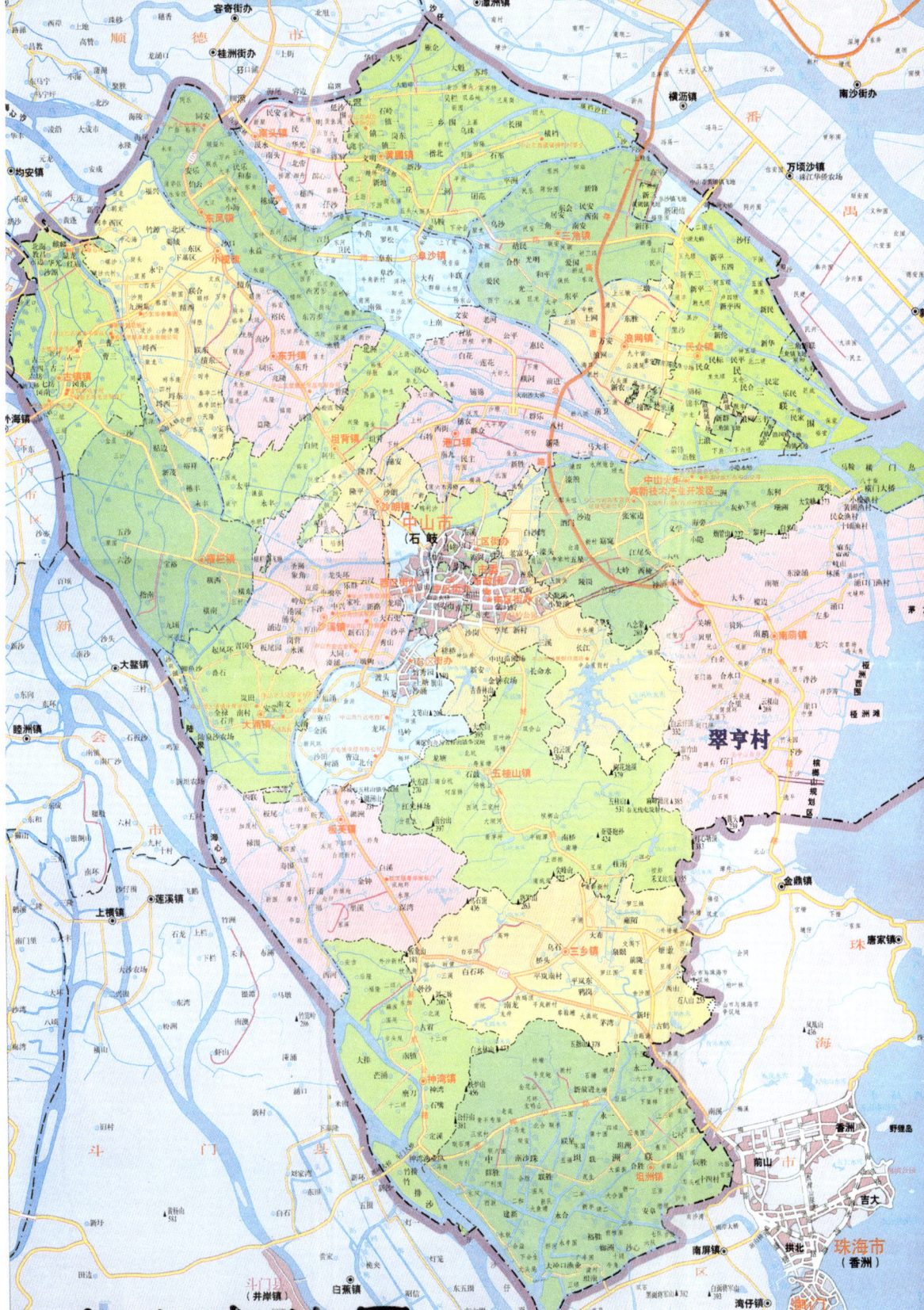

中山市地图

中山市（石岐）

横沥镇　南沙街办　潭洲镇

顺德市　容奇街办　桂洲街办

东凤镇　小榄镇　古镇镇　东升镇　黄圃镇　阜沙镇　三角镇　浪网镇　民众镇

港口镇　沙溪镇　大涌镇　板芙镇

五桂山镇　翠亨村　南朗镇

三乡镇　神湾镇　坦洲镇

金鼎镇　唐家镇　珠海市（香洲）　香洲　吉大　拱北

南屏镇　湾仔镇

斗门县（井岸镇）　白蕉镇

新会市　睦洲镇　大鳌镇　上横镇　莲溪镇

均安镇

番禺市

香山县也同样存在着从价值观念、社会发展到生存竞争方式都颇有差异的"两个世界"。

翠亨村位于香山县东南面，北距县城石岐20多公里。孙中山曾回忆："文乡居香山之东，负山濒海。"翠亨村坐西向东，背倚五桂山余脉，东南面是金槟榔山、对面山，山后就是烟波浩淼的珠江口；西面是黄牛山；北面则是犁头尖山，因形似犁头而得名，是翠亨的最高峰；东北面则朝向珠江口，三面环山的山谷仿如一只东面开口的布袋，山谷内分布着溪流、稻田和村落。翠亨村就坐落在布袋的中央，人口不过二百余，是名副其实的小山村。翠亨村东门外路口的"问路碑"刻有"东往竹头园，南往下栅圩，西往马鞭埔，北往南朗市"字样，大致可见翠亨村的空间位置。翠亨四周的竹头园、杨贺、金竹山、练屋、张琶企、兰溪、三家村、攸福隆、山门坑、书房坳、田心、大象埔、白石岗、剑首、长沙埔、平顶等等都是

20世纪20年代的翠亨村航拍全景

客家人聚居的村落，只有翠亨村和相邻的迳仔蓢、山门坳（民国初年已荒废）等村落是讲本地白话（石岐话）的本地人村落。本地人与客家人在语言、风俗等都各有其特色，过去相互之间也甚少通婚。昔日尽管其他地方发生过土客矛盾、冲突，但翠亨附近的客家村落与本地人村落之间尚能和谐相处。翠亨村南面金槟榔山山外就是珠江口的滩涂，清末左右淤浅成陆。顺德、番禺等地的疍民除了在附近海面捕捞鱼虾之外，还就地搭起简陋的茅屋居住，租耕围田，俗

原立于翠亨村"祥钟泰岱"东门外的指路碑

称"耕沙"。每当遇到各种天灾人祸，造成农田收成或捕鱼收获不好时，便要到别处谋生，终年难得温饱。1949年后，他们才在当地定居繁衍成村落，因地势较低，土质沙性大，故定村名为下沙。

小小的翠亨村并不闭塞。翠亨村南距澳门约37公里，隔珠江口与香港相望。乡人到澳门、香港谋生者不少，而通过这两个港口出洋者更多。港澳成为当地人的外向门户和了解世界的窗口。翠亨村东南侧的村道是从香山县城石岐到澳门的主要道路之一。1927年开始筹资筑修的连接石岐与澳门拱北关闸的岐关公路，东路干道由石岐华佗庙站向东南行经鳌溪、陵岗、大环、土草蓢、榄边、南蓢、崖口、翠亨、长沙埔、外沙、大金顶、会同、那州、萧家村直达前陇、古鹤、界涌、沥溪、长沙墟、翠微、前山、北岭，终点站为澳门拱北关闸，翠亨村是其中一站，并有定期班车经过。据《1922至1931年拱北关十年贸易报告》载，当时每天在岐关公路来

往的长途汽车共约八十辆，马达货车十二辆，普通货车六七十辆。距离翠亨村约10余公里的唐家湾金星门，清中叶起已有外国船舶在此停泊，尤其是西南季风期间，金星港是珠江口外洋船主要的停泊地点之一，与鸦片战争前夕中西关系的许多重要事件密切关联。而金星港上发生的很多事情，翠亨村民也时有耳闻。孙中山曾向美国传记作家林百克忆述幼年听村中一个老叔母所讲述的金星港见闻：

> 伊说这些外国船停在那儿实在不妥当，因为常有可怕的事情，在
> 他们的船上发现出来。这些外国人，金钱都很富足。他们所穿的衣
> 服，很是奇怪。最异样的便是他们头上，一个没有辫子，有几个竟一

20世纪30年代规划兴建中的岐关路及岐关路的设计师们　（中山市档案馆提供）

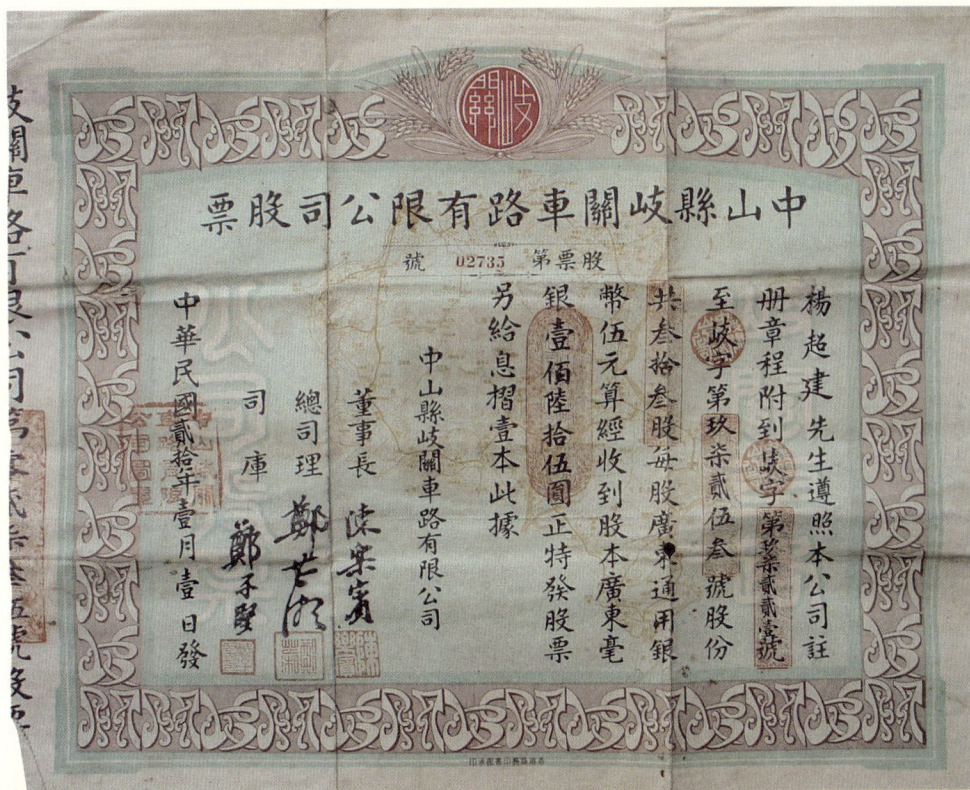

1930年前后筑修的岐关公路，沿路占用不少农田，后以田主入股的形式作为补偿。此为当时发出的岐关车路公司股票。股票上填写的杨超建（1711～1761），是翠亨村杨族两大房之一超建房的祖先。岐关公路筑修占用超建房公尝田地，故补偿时股票仍用杨超建的名义。（杨帝俊提供）

丝儿头发也没有，但是却有不少胡须。他们的胡须，有时会有火一样的红。伊听人说，那些外国人是用锋利的刀子来吃东西的。伊并且说，伊曾经亲眼看见，有烟从他们常用的枪里出来。因此伊见了那些洋人，心里实在害怕。伊教好的中国小孩子，应该远远地离开他们，因为那些洋人十分暴躁。

翠亨村的土地多是冲积而成，故地多沙碛，土质硗劣，村民世代以农耕为生，主要种植水稻和杂粮，但产量甚低。大量的土地被少数地主占有，佃耕的农民地租负担苛重。清中叶以后，村民多有外出谋生者，故翠亨也是一个小侨乡。农耕作物的出售和日常生活用品的购买，除了依靠那些走乡过村的行商小贩之外，就要到往北几公里的南蓢墟（逢农历二、五、八为墟期）或往南几公里的下栅墟（逢农历一、四、七为墟期）了。

金星门远眺。清中叶后，金星港是珠江口外洋夷船主要的停泊地点之一。

2006年翠亨村鸟瞰

五百载沧桑

虽然翠亨村附近的龙穴村、下沙村、平顶村等近年考古发掘发现有从新石器时代到宋代先民生活的遗迹，但目前所知翠亨村可考的历史却是从明代开始的。

翠亨旧称"蔡坑"（蔡阬），直到今天，中山本地方言讲到"翠亨"时仍然是发"蔡坑"的音，后来的很多文献时有把"翠亨"写作"翠坑"，大概就是受本地口音的影响。"蔡坑"一名因何而来，传说甚多，有说最早居于此地的村民姓蔡，建村于山坑之旁，故名"蔡坑"，但现在翠亨乃至附近的村落都并无蔡姓聚居。亦有人称因昔日翠亨村山坑长有蔬菜甚多，故称为"菜坑"，后来就写成了"蔡坑"，这种说法大抵是望文生义。

翠亨村是一个多姓氏聚居的村落，主要姓氏包括杨、陆、冯、孙、陈、何、麦、苏、梁等。据翠亨陆氏家族流传的说法，翠亨陆氏是明朝时从离翠亨村约3公里外的隔田乡敦和里（今中山市南朗镇崖口管理区陆家村）迁来，最早迁入翠亨村的是陆德兰和陆邦桂两叔侄，建于翠亨村北极殿旁的陆家祠堂，祠堂大门悬挂的匾额就是"兰桂陆公祠"，奉祀陆德兰和陆邦桂为定居祖。据《重修香山隔田河南郡陆氏族谱》（同治元年抄本）"旧序"载："兰、桂二公迁翠轩地，家声振作。""翠轩地"可能就是翠亨村早期的别称。陆德兰是隔田陆氏六世祖，生于明弘治四十二

翠亨村兰桂陆公祠旧貌　（台北中国国民党党史会藏）

年（1488），卒于明嘉靖四十二年（1563）；而陆邦桂则是隔田陆氏七世祖，生于明嘉靖二年（1523），卒于明万历八年（1580）。陆德兰与陆邦桂能共同生活的年代在明嘉靖二年（1523）到明嘉靖四十二年（1563）之间，也就是说，陆德兰和陆邦桂从隔田乡迁到翠亨村当是明代嘉靖年间，是可知现在翠亨各姓中最早迁入定居的村民。虽然陆氏定居翠亨村已近五百年，人口繁衍，但却并无独立编纂的族谱，翠亨陆氏历代子孙繁衍的情况仍记录在隔田乡《重修香山隔田河南郡陆氏族谱》中。

学者据文献记载及口述史料，推测翠亨村主要姓氏迁入定居的历史大致是这样的：明朝嘉靖年间，陆姓迁入，此后，崖口麦姓于明朝万历初年、冯姓于明朝末年、隔田杨起茂于清朝康熙年间率其亲族陆续迁入。后来，崖口的陈沛忠（1690～1740）于清朝康乾之间迁入，南蓢涌口村的孙殿朝（1745～1793）于清朝乾隆年间迁入。之后，附近迳仔蓢村的部分孙殿朝族亲，原居山门村（又名山门坳）的陈姓及苏、梁、谭等小姓相继迁入。村中亦有相传，最早迁入的其实是麦姓，后来杨、陆两姓陆续迁入，因为杨（谐音"羊"）、陆（谐音"鹿"）把麦都吃完了，所以麦姓逐渐衰微，这些传说背后可能反映了翠亨村早期各宗族间竞争的历史。

翠亨村最早见于地方史志的记载，是清乾隆《香山县志》卷一"坊都"篇所载，"蔡阬"村为"永乐乡大字都"下二十八村之一，"蔡阬"

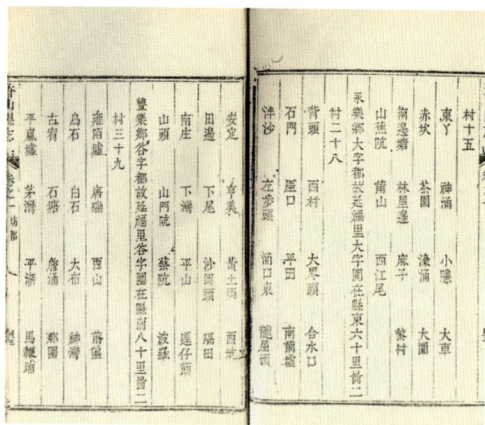

乾隆《香山县志》关于翠亨村（蔡阬）的记载 （中山市档案馆提供）

村就是翠亨村。这在某种程度上意味着翠亨开始纳入地方政府的视野。据说后人见四周山林苍翠，坑水潺潺，风景优美，因而就取谐音改名"翠亨"，寓意万事亨通。而"翠亨"之名首见于道光《香山县志》，该志卷二"舆地第一（下）·都里"篇"永宁乡大字都"条下有"翠亨，'暴

民国年间翠亨村南面照

志'作'蔡坑',去城五十六里"的记载。

19世纪中叶以前的翠亨村是一个只有数十户人家、二百余人口的普通小山村,数百年来过着日出而作、日入而息的农耕生活,在政治、经济、文化、交通、地理各方面都可说无足轻重。现存历代《香山县志》的"选举"、"宦迹"、"列传"、"艺文"各卷中,都没有出现过翠亨村人的名字,也没有什么翠亨村人撰写的诗词、著述之类传世。20世纪30年代,国民党中央党史史料编纂委员会工作人员钟公任到翠亨村调查孙中山史迹时,孙中山胞姐孙妙茜及陆皓东族侄陆华兴表示:"翠亨乡原来之文化不甚发达,总理前少文人,总理出生后读书人也不多,总理蒙师仅一老塾师"。远离香山县城石岐这个当地的文化、政治中心的翠亨村,官府在村民的集体记忆中大概就是野蛮征收赋税、肆意抓捕村民和贪污受贿的形象。孙中山曾经回忆:

> 直到我十三岁离开中国到火奴鲁鲁的时候,我记得没有听见说北京是皇帝权力的中心,不过知道翠亨村是与香山有关的,香山是我们翠亨的县城。在他的周围,那许多村人们的温和无变的生活,在政治和社会中的行动很是整齐,好像永久依着轨道一样。因为翠亨和香山周围别的村子,都以为凡与法律秩序有关的事情,香山是权力最后的地方,所以他们以为北京是同我们没有什么关系的。
>
> ......
>
> 翠亨的村民这样厌恶权威,所以他们同香山官吏觉得越少交涉越好,所以自然不敢问到比香山以外的权力了。翠亨村中的长者教村民对于香山的税收快些交付,因为他们看纳税像纳贿与水盗一样,付了税,就可没事了。

现存诸多关于孙中山早年生活的回忆及口述资料,也罕见有孙中山到过县城石岐活动的记载。

与孙中山生于同时代的陆灿,也曾回忆说:

> 我们村(即翠亨村)有一百来座砖瓦房子,有中国常见的矮围墙环绕,一些泥草房零星分布在村边。因为偏远,在满清统治的时候我

们也享受着一定程度的自治。满清官员和征收赋税的官吏时不时会出现，并给我们带来烦恼：他们用苛刻、横暴的手段对待我们，有时仅仅为了娱乐就放火烧掉茅草屋的屋顶；但更多的时候，地方官员只要我们缴纳每年一次的田地赋税，就放任不理了。村子太小，所以他们都懒得管——那时在广东，像我们这样规模的村子数以百计。

不过这并无妨村民对于国家的认同，孙中山晚年对林百克忆述，也称孙家的先辈"绝对信仰天子和村中的偶像"，"决不愿违反古训做政治上的叛徒"。

除了《香山县志》中寥寥十余字的记载之外，了解翠亨村历史最重要的史料莫过于劫后尚存的清道光、咸丰、光绪三次重修翠亨祖庙北极殿的碑记。

始建于清康熙年间的翠亨北极殿旧貌

道光八年（1828）《重修翠亨村祖庙碑记》

北极殿是翠亨村现存最早的建筑遗迹，可惜原庙已于1970年左右拆毁。据重修碑记所载，北极殿始建于康熙年间，这在某种程度上意味着一个有较多人口聚居、有村落共同祭祀和议事的公共机构的村落已经形成。道光八年（1828）北极殿第一次重修，并刻有《重修翠亨村祖庙碑记》记录此次修缮情况，碑文如下：

盖闻位极北方，天上久尊真武；灵昭南粤，地中尤焕人文。劳乎坎者万物归，居其所者众星拱。天官书所称北宫黑帝，其精玄武者也。吾粤滨临大海，如天妃、洪圣、北帝，凡权尊水族者，庙祀尤虔。昔汉武帝伐南越，祷于太乙，而南越平；太乙者，即玄天上帝也。我翠亨村上帝祖庙，创自大清康熙年间，于乡之北隅定基址焉。溯其来龙，本乎乾位，按其脉络，旋转坤宫。坐庚申而福曜辉荣，向甲寅而文峰蔚起。梯山耸翠，崖海潆青。说虽采之堪舆，神倍彰其灵应。惟是星霜久阅，鸟鼠频穿，寀庯惧颓，榫梦恐剥。用合同人，谨商鼎革，以崇庙貌，以妥神灵，礼也。诹吉日以涓成，望神麻其来下。规模式旧，丹艧重新，想披发仗剑之威严，以降善消灾为庇荫。夫持麋作供，尚喜动人天；施絭为林，且辉生龙象。何况成囷子敬之米，满库尉迟之钱，有不各随香火因缘，畀之吉祥德泽者乎？从此朝夕敬恭，春秋匪懈。玄旗耀采，七星灿而五福齐臻；金剑腾光，二曜明而合村同庆矣。

陆仁车喜助工金银五十二两正

喜认人物案台壹张

陆厚车喜助工金银壹拾两正

陆满源喜助工金银壹拾大员

刘元芳喜助工金银一大员

冯天祐喜认人物彩门壹架

杨国禧　冯辑耀　杨富辉

已上喜助工金银叁大员

杨达勋、冯振堂、杨兆勋、杨瓒勋、杨观忠

已上喜助工金银贰大员

陆程宇、陆贤宾

已上喜助工金银壹两贰银正

孙敬贤、冯天庆、杨寿蓥、杨裕辉

已上喜助工金银壹两正

杨礼卿、杨灿辉、杨朝卿、冯灿垣、冯辑典、冯辑芳、杨焕辉、冯辑华、冯辑联、陆耀宇、杨集勋、杨达聪、杨敬辉、麦德一、冯三富、冯辑本、苏光泰、孙殿碧、杨尧勋、杨阿国、杨金玉、陆赞车、杨联辉、杨阿沛、苏灿明、陆爵车　杨业勋、冯辑在、杨兰辉、杨寿祺、杨颖辉、何润涵、孙阿德、何润瑜、陆达理、陆阿勇、甘秀伦

已上喜助工金银壹大员

陆达茂、陆达锦、麦亮阶、冯辑鹏、何阿焕

已上喜助工金银五钱正

何汉辉、陆阿魁、陆阿帝、苏阿发、谭侯登、何元爵

已上喜助工金银壹中员

孙阿海、孙阿叠、孙阿章

已上喜助工金银叁钱正

杨建昆、陆达宜

已上喜助工金银贰钱正

何元秀壹大员

梁敬雄壹中员

陆阿仲全上

重修执事：杨达勋、陆爵车

　　　　　　冯辑鹏、孙　德

道光八年岁次戊子仲冬吉旦勒石

　　道光八年的这次重修，捐款的有杨、陆、冯、孙、麦、刘、苏、谭、何、甘、梁11个姓氏，显示似乎除了翠亨村村民外，应该还有附近村落的村民参与北极殿重修的捐款，例如甘秀伦，很有可能是翠亨附近的客家人，翠亨村四周的兰溪、三家村、攸福隆、金竹山、山门坑、书房坳、田心、大象埔、白石岗、剑首等等村落都是甘姓客家村落，而广府人村落尚未见有甘姓。

　　此次重修，杨达勋、陆爵车、冯辑鹏、孙德担任重修执事，以捐款人

数及金额而言，也是杨、陆、冯、孙这四姓为最多。此时陆姓经济实力最强，陆仁车一人捐银五十二两，已是另一大姓杨姓列名捐款的23个族人捐银总和约二十三两的两倍多。据口述资料，捐款最多的陆仁车、陆厚车兄弟都是广州洋行的买办。陆仁车，名载德，号友山，"敕授儒林郎"、"候选布政司理"，据说发财后回翠亨村后广置田产，在村前举目瞭望，伸手指及的翠亨及邻村的土地，都要统统强行买下。陆厚车，名元泽，号德润，据族谱载是"敕授登仕佐郎"、"候选巡政厅"，其子陆廷光在上海经营货物转运生意，陆皓东烈士即陆廷光独子。香山毗邻澳门，加上出洋谋生的华侨日多，香山人积累了不少和洋人打交道、做生意的经验，也部分地掌握了外国语言，了解西洋的生活习惯。鸦片战争前后，香山出现了不少在国内小有名气的买办和买办商人，唐廷枢、徐润、郑观应、莫仕扬等等就是其中的佼佼者，在上海、广州、天津等通商口岸，"几乎所有外商雇佣的买办都是（香山）这个县的人，这些人介绍的雇员自然都来自他们的家乡。"他们以血缘和地缘为纽带，从事商业经营活动，在近代中外政治、经济和文化交流中起着重要的作用。陆仁车、陆厚车等翠亨人正是当时芸芸香山买办商人中的一员，富有之后，回乡捐资支持公共事业、广置土地房产、捐纳官衔等等大抵是建立在地方社会的地位与影响力的必然举措。

　　翠亨杨氏和陆氏一样，也自附近3公里外隔田乡启运里（今中山市南朗镇崖口管理区杨家村）迁来，分超健（寅庵祠、兼善祠）、超寰（仰仙祠）两大房。据杨廷英撰于道光二十五年的"杨氏家谱序"称："始世祖元规公由广陵宦游粤岭，值宋兵燹，见铁城形势之秀，因世家焉。祖宗之功德，香城南关家乘载之甚详。至五世祖应祥公搬迁于隔田。及曾祖起茂公又迁居翠亨，历传二十余代。"翠亨《杨氏家谱》载："十五世祖起茂公，字起茂，云高公子，生于清康熙二年（1663）乙未九月二十三日，卒于清康熙六十一年（1722）甲午，享寿六十岁。……公由隔田始迁居翠亨村。"这段记载其实并不准确，康熙二年干支是癸卯，最接近的乙未年是顺治十二年（1655）；康熙六十一年干支是壬寅，最接近的甲午年是康熙五十三年（1714），尽管记载不甚确切，但可推测起茂公迁居翠亨村当在清康熙年间。隔田乡的《杨崇德堂家谱》（清光绪二十四年抄本）"弘农堂家谱小引"载："应祥祖同子敬修公父子卜迁于东门外大字都波罗村暂

（1）

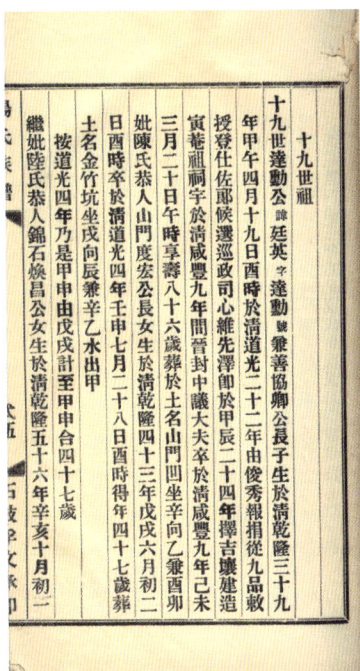

（2）

（3）

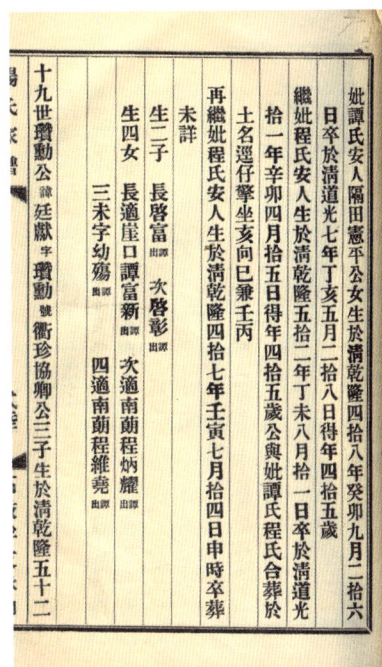

（4）

楊氏家譜　禮桓題

十九世祖

十九世達勳公諱廷英字達勳號兼善協卿公長子生於清乾隆三十九年甲午四月十九日酉時於清道光二十二年由俊秀報捐從九品敕授登仕佐郎候選巡政司心維先澤卹於甲辰二十四年擇吉壤建造寅萐祖祠宇於清咸豐九年間晉封中議大夫卒於清咸豐九年己未三月二十日午時享壽八十六歲葬於土名大夫山回坐辛向乙兼卯

姚陳氏恭人山門度宏公長女生於清乾隆四十三年戊戌六月初二日酉時卒於清道光四年壬申七月二十八日酉時得年四十七歲葬土名金竹坑坐向辰兼辛乙水出甲

繼姚陸氏恭人錦石煥昌公女生於清乾隆五十六年辛亥十月初一被道光四年乃是甲申由戊辛乙計至甲申合四十七歲

十九世兆勳公諱廷麟字兆勳號瑞閭協卿公次子生於清乾隆四十一年戊戌九月初一日卯時清道光二十二年例授登仕佐郎清道光二十四年甲辰與兄兼善公建造寅萐祖祠宇卒於清道光二十八年戊申十一月十二日申時享壽七拾一歲

按乾隆四拾三年乃是戊戌由戊戌計至戊申合七拾一歲

日酉時卒於清同治拾三年甲戌八月拾三日丑時享壽八拾四歲塋土名長沙埔石涌坑坐子向午兼壬丙水放庚卯乙龍入局

生六子
　長蘭輝　出繼
　次啓安　出繼
　三啓煥　出繼
　四啓文　出繼
　五啓操
　獨六啓懷　出繼

生三女
　長適平山譚誠綱　出繼
　次適崖口譚奕基　出繼
　三適涌口
　梁啓欽　出繼

十九世豐勳公諱獻字豐勳號衢珍協卿公三子生於清乾隆五十二

姚譚氏安人隔田憲平公女生於清乾隆四拾八年癸卯九月二拾六日卒於清道光七年丁亥五月二拾八日得年四拾五歲

繼姚程氏安人生於清乾隆五拾二年丁未八月拾一日卒於清道光拾一年辛卯四月拾五日得年四拾五歲公與姚譚氏程氏合葬於土名遜仔擎坐巳向亥兼壬丙

再繼姚程氏安人生於清乾隆四拾七年壬寅七月拾四日申時卒葬未詳

生二子
　長啓富　出繼
　次啓彰　出繼

生四女
　長適崖口譚富新　出繼
　次適南蓢程炳耀　出繼
　三未字幼殤
　四適南蓢程維堯　出繼

翠亨《杨氏家谱》关于杨兼善、杨瑞圃的记载然居住，后乃卜择隔田乡以为基址，自开民籍大一七甲老户杨文聪图分。"翠亨《杨氏家谱》"五世祖应祥公"条下中记载"广东广州府香山县大字都一图七甲户丁杨文聪开爪，兼善大业爪，瑞圃兴业爪。"可见，翠亨杨氏和隔田杨氏一直在同一个"户"名（杨文聪户）下纳赋税和应役，直到"兼善"、"瑞圃"的时代才从"杨文聪户"下分爪，独立承担赋税的责任。

"兼善"就是翠亨杨氏第十九世祖杨达勋（名廷英，字达勋，号兼善），生于清乾隆三十九年（1774），"道光二十二年由俊秀报捐从九品敕授登仕佐郎候选巡政司，……于咸丰九年间晋封中议大夫"，卒于清咸丰九年（1859）。"瑞圃"则是杨达勋之弟杨兆勋（名廷麟，字兆勋，号瑞圃），生于清乾隆四十一年（1776），"清道光二十二年例授登仕佐郎"，卒于清道光二十八年（1848）。杨兼善与杨瑞圃是翠亨杨氏超建房发展中的重要人物，他们是杨氏在翠亨定居之后最早捐得功名的族人。道光年间，两人召集子侄，主持建造寅庵公祠。杨寅庵（1741～1809），字协卿，是杨兼善与杨瑞圃的父亲。寅庵公祠"上下两座并左右副屋"，是翠亨杨氏建筑的第一座祠堂；他们又携旧存家谱往香山县城石岐南关杨族认识宗亲，"展拜始世祖元规公及三世祖大刚公之墓，越数年又率诸子侄诹吉重修"；并在南关杨族抄回连隔田杨氏都说不清楚的始祖元规公历传世次，搜集父老所述、"启木主或拂蠹而搜残篇"，重建家族的历史，编撰翠亨杨氏第一部系统的家谱。通过建宗祠、认宗亲、编家谱，可以说翠亨杨氏家族是在此时才正式"建立"起来，也逐步在翠亨村确立大族的地位。这个时期正是鸦片战争后，中国经济与社会发生"千年未有之大变局"，我们现在已无法清楚杨族的急速崛起的细节，但无疑与这个时代机遇是密切相关的。翠亨杨氏一族从这一代开始"兴旺"起来的，捐纳得功名的族人，第十九世除杨达勋和杨兆勋之外，据族谱载，杨业勋是"诰封朝议大夫"，杨尧勋、杨元勋都是"皇恩例授登仕郎"，但族谱中完全没有提及这些杨家族人有什么科举功名，很明显这些官衔都是捐纳得来。本地人自下而上地利用国家秩序的语言，与国家权威建立联系，从而在地方社会中提升自己的地位，在新的历史条件下，已不再限于科举一途。

根据翠亨《孙氏家谱》等资料的记载，翠亨孙族始祖、二世祖、三世祖、四世祖俱在广东东莞县长沙乡（今东莞市长安镇上沙管理区）居住。至五世祖孙玄（号礼赞）自东莞上沙迁居香山涌口（今中山市南朗镇涌口据翠亨《孙氏家谱》记载，孙中山的先祖先后由广东东莞上沙乡迁入香山县（今中山市）涌口、迳仔蓢和翠亨村。

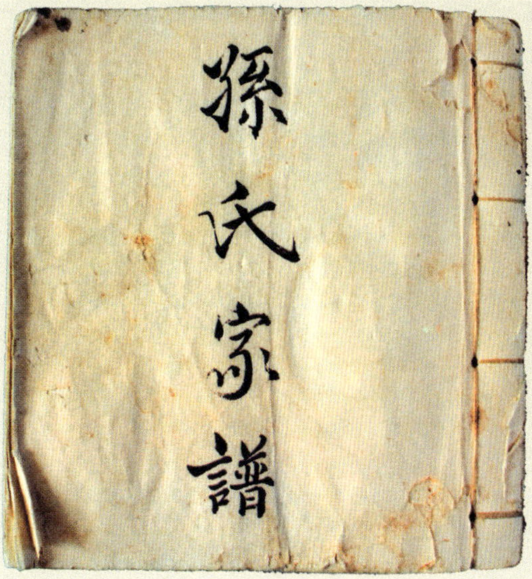

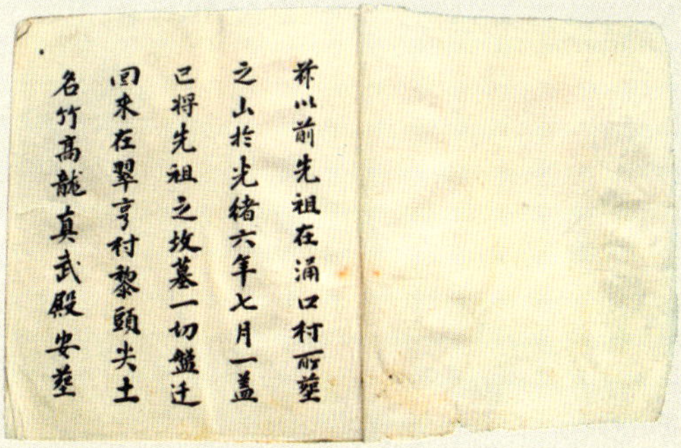

惟因拜扫路途迳远未住
艰辛之故是以松香山各
叔姪捐签银两回来盘迁
以得清明拜扫来往就近
之便也

(2)

孙山前先祖在涌口村而葬
之山於先绪六年七月一盖
已将先祖之坟墓一切盘迁
回来在翠亨村黎头尖土
名竹高龙真武殿安葬

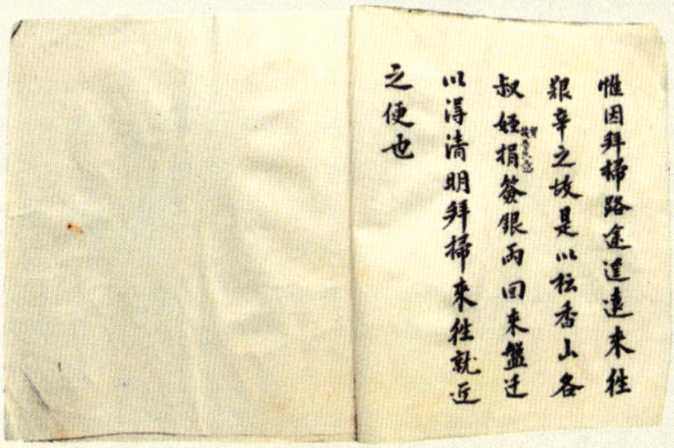

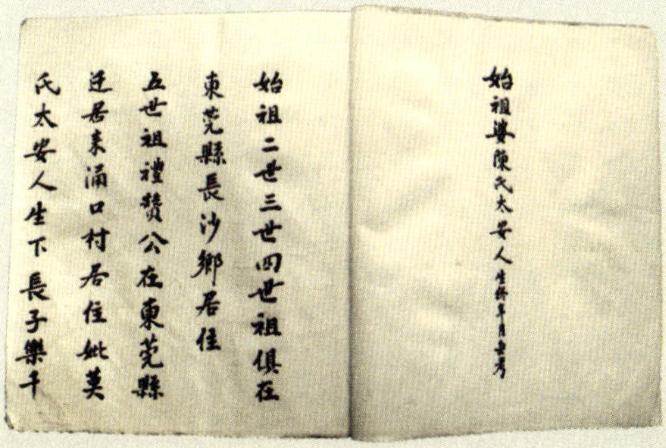

(1)

次子乐南乐千居住左步
颐乐南居住涌口乐南祖
惟因粮格迳远回东莞
未曾回来得存莫氏世五十
路攺会墓长次子因贼焉淼
乱不能回来兼於乾隆甲午
年十一世祖瑞美公即迁来
迳仔蓢村居住建迳祖祠
　五世祖
　　考禅赞公
　　妣美氏太安人

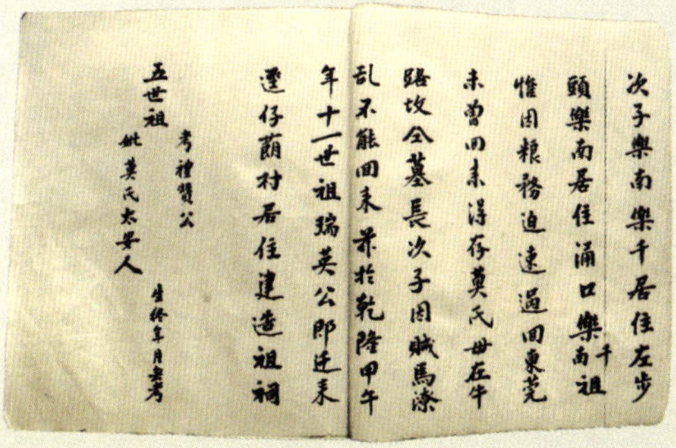

(4)

始祖娶陈氏太安人生下长子乐千
东莞县长沙乡居住
五世祖礼赞公在东莞县
迁居来涌口村居住姓美
氏太安人生下长子乐千
始祖二世三世四世祖俱在

(3)

咸丰六年（1856）《三修翠亨村祖庙碑记》

村）。孙礼赞生二子，长子孙褅儿，号乐千；次子孙褅宗，号乐南。孙乐千分居左埗头（今中山市南朗镇左埗村）。孙乐南仍居涌口，是为翠亨孙氏六世祖。此后七世祖孙耕隐、八世祖孙怀堂、九世祖孙派源、十世祖孙植尚等均居涌口。清顺治前后，十一世祖孙瑞英自涌口迁居迳仔蓢（位于翠亨村西北约300米），开荒耕田。十二世祖孙连昌仍居迳仔蓢。十三世祖孙迥千因土地贫瘠，于乾隆初年迁回涌口生活。十四世祖孙殿朝又从涌口迁入邻近迳仔蓢的翠亨村，于此定居繁衍。孙氏家族在翠亨村并不算大族，人口最多的时候也不到十户，世代以务农为生，在翠亨村也未建有祠堂。据说原在翠亨村西南的迳仔蓢村曾建有纪念十一世祖孙瑞英的瑞英祖祠，至抗战前尚存。1912年夏，孙中山长兄孙眉与同宗的南朗左埗村孙氏曾商议合建乐千、乐南祖祠，但因建筑地点是在翠亨村还是左埗村未能议定而作罢。在重修碑中记载翠亨孙氏捐款共有六人，捐银总和约三两多。孙氏族人中捐银最多的是孙中山的祖父孙敬贤（1789～1850），孙敬贤以承继祖田十余亩为生，笃信风水之说，曾管理翠亨孙族公尝（全族共有的财产），此时能捐银一两给祖庙，可见经济尚较宽裕。

咸丰六年（1856），翠亨村祖庙北极殿第二次重修，记载此次重修的《三修翠亨村祖庙碑记》全文如下：

尝闻帝德建极，道运清虚，帝位配天，恩周宇宙。星躔金厥，灵符修于琼宫；光彻紫微，飞舆卫以玉女。此主静所以无为，而环拱因之有象也。我翠亨村之立此庙也，创自大清之朝，建于康熙之岁。前则环绕乎崖溪，后则盘踞乎桂岭。三百六度，久戴仁天，数百余年，安居乐土。民康物阜，祥和协于四时；雨顺风调，丰亨遍乎百室。固由地脉之灵，实赖神灵之庇也。兹以星霜递易，寒暑迭更，风雨未免飘摇，栋宇恐因颓废，欲鼎新而革故，爰集众而议修，询谋佥同，捐赀并喜。位则兼设乎天后，神则并祀乎金花。既鸠工而庀材，复蒇涂而丹蔓，运乘乾位，堵作坤宫，坐则主申而兼庚，向则主寅而兼甲。众轻易举，果集腋以裘成；神灵孔昭，不逾时而工竣。仰庙貌之巍峨，益神光之焕彩，纪成功于葭月，行祀礼于腊辰，将见宝剑宏挥，妖邪悉伏，灵旗点指，魑魅胥潜。海晏河清，利涉群占乎坎德；育婴保赤，资生咸赖乎坤元。从此以妥以侑神明，永享其诚，因之俾炽昌士女，并沾其福矣。

　　值理：孙尊贤、杨业勋

　　陆达聪、冯辑照

　　显：

　　　杨承光喜认神龛一座

　　俊：

　　杨启文、杨启操、杨启怀

　　已上喜助工金银壹百大员

　　杨启垣喜助工金银柒拾大员

　　孙学成、陆廷芳、杨启宽、孙亚察、陆亚兆、陈谦容

　　　六共喜助工金银贰佰五拾五两贰钱四分正

　　杨启彰、杨启焕

　　已上喜助工金银五拾大员

　　杨启荣、杨锦初

　　已上喜助工金银叁拾大员

　　陆润怀、冯建彰

　　已上喜助工金银贰拾大员

　　杨泽辉、陆久怀、陆庆怀

　　已上喜助工金银拾五大员

　　陆英怀、杨启懿、杨启泰、杨礼明、冯建南、杨义辉、陆善怀、
杨礼贤

　　已上喜助工金拾大员

　　杨礼中、冯建和

　　已上喜助工金银五两正

　　陆廷深喜助工金银六大员

　　陆用才、杨启昌、陆亚悦、陆正怀、陆廷津、陆怀恩、陆怀旷、
陆亚翼、杨金祐、杨官听、杨瓒初

　　已上喜助工金银五大员

　　杨达勋、杨耀锦

　　已上喜助工金银四大员

　　杨元勋喜助工金银三大员

杨尧勋、杨裕辉、冯辑照、杨仁辉、陆达聪、冯亚成、杨亚星、杨官水、杨奕初

已上喜助工金银贰大员

冯建儒喜助工金银壹员半

冯辑联、冯呀姑、冯帝爽、陆朝车、杨亚泽、杨亚南、杨亚良、麦亚有、麦亚才、杨贵勋、苏帝新、苏亚快、杨华勋、陆爵车、冯官英、谭社安、孙茂成、孙达成、苏照明、杨尔炽、杨有荣、陆怀晃、陆怀成、陆怀升、陆亚学、陆亚好、杨国禧、杨亚平、陆达新、冯官有、陈谦广、陈谦赞

已上喜助工金银壹大员

杨启文程氏喜助工金银拾大员

杨启操郑氏喜助工金银五大员

杨启彰李氏、杨启焕黄氏

已上喜助工金银贰大员

杨启怀程氏喜助工金银壹两正

杨启垣谭氏、杨礼明母李氏、杨礼贤母谭氏、杨礼中程氏、杨仁辉卢氏、杨启荣谭氏、杨启宽许氏、杨锦初卢氏、杨启昌陆氏、冯建彰谭氏、陆用才程氏、陆廷津母卓氏、陈谦容孙氏

已上喜助工金银壹大员

杨元勋卢氏、冯建和母谭氏、冯建南谭氏、冯建儒谭氏、陆廷芳许氏、陆庆怀卢氏、陆英怀王氏、杨启懿卢氏、杨启泰陈氏、陆久怀卓氏、陆达新许氏、杨义辉程氏、杨奕初程氏、杨瓒初程氏、陆谦广梁氏

已上喜助工金银壹中员

陆达荣卓氏喜助工金银贰钱正

咸丰陆年岁次丙辰仲秋吉旦勒石

咸丰六年的重修由孙尊贤、杨业勋、陆达聪、冯辑照任值理，村中仍然维持四大族的格局。

从碑文可以看出，此时的杨氏家族在翠亨村人口最多、实力最强。担任值理的杨族代表杨业勋，是"诰授朝议大夫"，在村中自然有相当的财

清"诰授朝议大夫"杨业勋及夫人王氏画像 （杨帝俊提供）

力和地位。而更加突出的是杨达勋的三个儿子：杨启文、杨启操、杨启怀，他们三兄弟捐银数已占全村捐银总和的三分之一。这三兄弟因何发家，众说纷纭，较多的说法是以在粤东汕头一带"卖猪仔"（苦力贸易）出洋而暴富，并捐纳得官衔。据族谱载：杨启文（1825～1909），名承光，号丕谷，为"诰授中议大夫"；杨启操（1828～1885），名显光，号耀堂，为"诰授朝议大夫"；杨启怀（1831～1874），名俊光，号冠千，为"诰授奉政大夫"。此三兄弟以外，同辈（"启"字辈）的杨族成员捐纳的官衔的族人为数不少，例如杨启焕和杨启垣都是"诰授朝议大夫"；杨启懿是"诰授奉政大夫"、"候选布政司理"等等。翠亨村的杨兼善祠、杨仰仙祠以及那些三进三开间的杨姓大宅多半建于这一时期。杨族列名碑上的捐款人数共有59人（到底这些列名在碑上的人是代表个人还是代表一个家庭，已很难区分清楚，或许两者都有），占全部捐款人数的48%，总共捐献银两五百三十多两，占全村捐款的近六成。这些杨姓村民，许多

清"诰授奉政大夫"杨启怀（1831～1874）的住宅

杨仰仙祠今貌

是华侨家庭或从外洋贸易中致富。事实上这个时期翠亨出外洋谋生的村民日渐增多，可能为了祈求在海外谋生的华侨平安顺利，此次重修北极殿增祀了海上保护神天后娘娘。

值理之一的孙尊贤是孙中山的堂伯祖，据说曾在宁波做官数年（一说做茶商），后因不满官场腐败回乡。1854年8月，孙尊贤曾向孙族公尝交银二十三两五钱一分。1863年和1864年，又以房长身份主持孙达成兄弟批耕祖尝山荒合约事宜。1856年翠亨村第三次维修北极殿时，能担任首席值理，在村中当有一定地位。在此次重修中，孙姓捐款的共有四人，共捐银八十六两多，平均达约二十二两，为全村最高，之所以平均捐款的数字这么高，是因为孙学成、陆廷芳、杨启宽、孙亚察、陆亚兆、陈谦容六人共捐银二百五十五两二钱四分，也就是说按平均计，孙学成、孙亚察已合共捐银八十五两多。这笔巨款据说是这六人一同在国外掘金，某一天忽然掘出数十两金，众人认为是北帝所赐，于是全部捐献给北极殿重修之用。孙学成是孙中山二叔，在美国加州谋生，终日辛勤劳动，也未得温饱，积蓄甚微，因此这笔捐款并不能反映当时翠亨孙族的实际经济情况。从记载清道光廿八年（1848）到咸丰四年（1854）间翠亨孙氏家族活动开支的祖尝账册上可见，孙氏家族基本上每年都会举行"隔年"、"清明"（祭祖）等活动，每年族事支出也不过几两白银，每次家族聚餐用米不过一两斗，可见人口不多；聚餐的菜主要是猪肉（少则两三斤，多则十多斤）、咸鱼、塘鱼、虾米、茨菇、鸭蛋、蔬菜、咸菜等，这样的菜色在当时的农村也算不上丰盛，广东人有"无鸡不成宴"的俗语，但在账册中却看不到鸡的记载。

鸦片战争余波未了，香山各地三合会先后起义。在这次重修北极殿之前10年左右，翠亨附近石门乡客家人甘秀发动本村与崖口、泮沙等村的三合会成员起义，后被清军击退。碑上无甘姓人的名字，或许与此不无关系。另外一个值得留意的现象是碑上罗列完捐款的男性村民之后，又按捐款数额的多少列出村民的女性家眷，这是否和北极殿在本次重修增祀天后和金花夫人两个女性神祇有关呢？

翠亨村所在的香山县东乡一带"广袤六十余里，大小九十余乡，依山濒海"，本来"地僻民醇，渔樵耕读，里井晏然"。鸦片战争之后，珠江三角洲社会动荡不安，当地士绅林谦记载当时"匪党肆横，抢劫之事，由郊野到城厢，白昼成群，实从来所未见"。盗匪之外，近代天地会、三合翠亨孙氏公尝账簿，记载了从清道光二十六年（1846）至清咸丰元年（1850）间翠亨孙氏公尝收支情况。

記碑廟祖合翠順

自聖人以神道設教而人心之感應恭神者咸凛將敬恭焉吾鄉廟祀

玄天上帝
天后聖母
金花夫人

神靈玉應今斯今讀重修三修碑文

光緒貳拾員

光緒貳拾貳年歲次丙申季冬吉旦勒石

光緒二十二年
（1896）《四修翠亨
祖庙碑记》

会等秘密结社在民间广泛流行，广东各地会党起义此起彼伏，翠亨村附近的石门村、攸福隆等都有三合会组织活动。咸丰四年（1854），席卷大半个广东的洪兵起义爆发，香山几乎全境成为清兵、地方团练与洪兵搏斗的战场。翠亨村所在的东乡，大车村乡绅林谦与濠头村乡绅郑乃康、郑藻如等组织村民组建东乡团练，设总局于云衢书院，设分局于南朗及张家边，各乡"互相守望"，抵抗洪兵。但北极殿的三修碑中却只字未有提到这次社会动乱，可能翠亨村民多数没有卷入到这次动乱之中，翠亨村也没有在动乱中受到什么冲击。也许正是因此，村民才在洪兵动乱平息才一年多之后，就大兴土木重修村庙，以感谢村神北帝的保佑。

四十年之后的光绪二十二年（1896），北极殿再一次进行重修，记载这次重修的《四修翠亨祖庙碑记》内容如下：

> 自圣人以神道设教，而人心之感应于神者，咸肃将敬恭焉。吾乡庙祀玄天上帝，兼奉天后圣母、金花夫人，神灵丕应，匪今斯今。读重修、三修碑文，帝德神恩，暨夫山川之秀灵，坐向之美善，固已言之详明矣。今夫庙者何貌也？貌也者，将以仿佛而形容之也。观瞻于是乎存，寅畏于是乎深，拜祷于是乎切，庇荫于是乎广。前之人若曰：必庙貌之庄严，斯神光之显赫耳！重修之距初基，其年岁盖难确考，迨三修则仅越二十有八年，执事慎敏，可不谓敬恭神明欤？比年来，以斯庙经今且四十一年，翠墨既不免销磨，栋宇且时虞飘危。每一瞻拜，心实难安，正议捐修，迁延未果，适六月十九日飓风为虐，佥曰：雨师警我起，风伯逼人来。其为神之示，应意可知也。爰即倡修，诹吉秋八月七日巳时兴作，随即劝捐，以季冬十三日丑时奉神升座。斯庙也，由创而继，既因且仍，前代定之，后世守之，人事之所振兴，悉神功之所保佑。向使因循姑待，年过年来，将视先人所云"以崇庙貌，以妥神灵"之谓何？抑又何以彰感应之灵，而摅敬恭之志哉？庙既成，仍如旧列，各捐项若干如左。语有之：有人心，有神心。人惟能以其心心乎神，斯神亦将以其心心乎人。明圣经曰：日在天上，心在人中，以心即心者，正谓此也。诗云："惟桑与梓，必恭敬止"，庶几哉！乡人士女，有感必应，惟恭则寿，惟敬则吉焉。
>
> 值理：杨启文、陆庆怀、杨义辉、陆廷深、杨礼谦

杨启文捐银玖百柒拾柒员柒毫

敬送花草人物香案台壹张

杨启文正室程氏捐银伍拾员

杨启文副室郭氏捐银肆拾员

杨启文副室梁氏捐银肆拾员

杨礼华、杨礼浚、杨礼桓、杨礼耀、杨礼灿、杨礼周、孙德彰、杨礼钦、杨礼烜、杨礼泰、杨礼润、杨锡宗、杨德初

以上每捐银叁拾员

杨礼和捐银贰拾大员

杨联甲、陆雄明、杨存乐、钱福传、杨礼珍、苏浦庸、杨启寿、钱福昌、杨焕文、杨韶乐

以上每捐银壹拾员

杨文乐、杨秉俭、陆雄邦、杨锡初、陆望华、陆立本、陆远怀、杨镇乐、陈受邦、冯德纶、陆献文、陆四全、杨贞义堂、陆华造

以上每捐银五员

杨德初程氏捐银五员

杨礼铨、麦礼容、孙拔贤、陆雄和、陆廷义、杨帝荣

以上每捐银贰员

杨启文、杨礼华、杨礼钦、杨礼浚、杨礼烜、杨礼桓、杨礼泰、杨礼耀、杨礼润、杨礼灿、杨锡宗、杨礼谦、杨礼明、陆庆棉、杨郁文、冯建周、陆植怀　杨万胜、杨成乐、杨礼祥、杨振国、杨信乐、苏沛庸、陆雄国、陆雄明、冯德纶、杨彭、孙德修、钱福传、冯贵全、冯帝明、杨启科、杨焕文、冯庆光、杨德初、杨启寿、陈寿英、苏声庸、麦礼容、杨礼周、杨镇乐、杨广文、陆树昌、陆华显、杨礼让、陆振怀、陆远怀、陆廷魁、杨义辉、杨联甲、冯国纶、冯裕纶、杨正乐、陆廷深、孙集贤、杨礼庄、杨炳楚、陈受邦、陆廷芳、杨文乐、杨邦文、杨礼铿、陆献德、陆作庸、杨礼禧、杨礼沣、杨咏周、陆廷开、梁配祥、陈寿祥、陈天接

以上每户捐银壹员五毫

陆文成、陆可道、陆可盛、陈钟沛、陆昌、陆华熙、陆帝时、孙德修、杨荫、钱爱、钱金、冯建周、杨礼权、杨士彪、陆庆怀、杨礼南

以上每捐银壹员

杨显、杨帝江、冯帝尧、杨贯、杨耀、苏宗铭、苏宗兆、孙胜、冯帝光、杨沛、杨本、杨礼彤、杨炳灿、杨炳炘、陈钟悦、杨帝麟、杨帝关、杨帝清、陆庆庄、杨广文谭氏、陆树昌方氏、杨礼铿母程氏、苏沛庸陈氏、杨万胜母程氏、冯建周谭氏、杨礼权母林氏、杨礼权刘氏、杨礼铿梁氏、陆植怀程氏、梁配祥詹氏

以上每捐银壹中员

续捐杨礼登捐银贰拾员

光绪贰拾贰年岁次丙申季冬吉旦勒石

1896年的这次重修，担任值理的是杨启文、陆庆怀、杨义辉、陆廷深、杨礼谦。杨启文本人及以其三位夫人、十个儿子名义共捐款一千四百多元，占全村捐款的约77%，充分显示出其家庭是翠亨首富的显赫地位。而村中流传杨启文、杨启操、杨启怀三兄弟在1876年前后因被外县告发贩卖人口而被封屋抄家，杨启怀甚至被逮捕砍头的事，似乎经过二十年的变迁已经淡化，也没对杨启文造成太大的影响。杨姓仍是最财雄势大的家族，碑上记载捐银三十元以上的几乎全部是杨姓村民。

此次重修北极殿似乎除了个人捐银外，每户还须按规定缴纳一元五毫，碑上所记共71户，但这个数字未必反映翠亨村实际户数。例如杨启文的十个儿子分为十户，但其幼子杨锡宗当时不过7岁，似不可能独立分家生活，只是名义上有此一户而已。而此前的一年，即1895年，孙中山发动广州起义失败，给翠亨村带来一场不大不小的麻烦，孙中山一家避居到檀香山孙眉的茂宜牧

光绪二十一年（1895）铸造的翠亨村祖庙北极殿铁钟

场，在碑文的每户捐银名单中就没有孙中山家的记载。孙氏合共捐银不过三十六元多，其中孙中山的大哥、在檀香山茂宜岛经营牧场致富的孙眉（孙德彰）一人便捐了三十元。重修北极殿的经费募集并不仅限于翠亨村本地，而会向在外地及国外谋生的翠亨籍华侨广泛募捐，碑文所记的杨德初、杨启寿等不少人就是檀香山的华侨。此前一年的1895年，北极殿铸造铁钟，钟上铭文记录的捐款人包括杨昆池、孙德彰、杨德初、杨文纳、孙拔贤、冯建周、陆作庸、陆檀生、陆祯祥、杨仕同、杨帝荣、陆振怀、陆文灿、杨郁等14人，这些人几乎全是华侨。

这次重修，家眷妇女依然碑上有名，而且男女村民不再明确分成两大部分，而是按捐款数的多少排列先后，但在相同捐款数的一群村民名字中，男性村民依然集中在前，而女性村民集中在后。翠亨首富杨启文的正室（元配夫人）捐五十元，两个副室（妾）各捐四十元，捐银数是全部村民中仅次于杨启文的，从捐款额与排名都显示出"正副有别"。

翠亨村北极殿的三次重修碑记勾勒出翠亨村近二百年历史变迁的一些侧面，也从中映照出了包括翠亨村在内的近代珠江三角洲乡村社会变迁的历程。

20世纪50年代的翠亨村

兰溪

2002年翠亨村航拍照片

村落与建筑

民居的选址、规划和建筑根植于本土的自然生态、社会环境和文化土壤，是乡村社会结构、经济文化状况和历史记忆在建筑和空间上的沉淀与反映，是乡村一部活的历史。

选址与规划

古代村落在选址和布局上非常讲究风水，古人认为理想的居住环境应该"左有流水谓之青龙，右有长道谓之白虎，前有池谓之朱雀，后有丘陵谓之玄武，为最贵地。"翠亨村建址于五桂山脉谭家山、犁头尖山、黄牛山、金槟榔山、对面山等南、西、北三面环绕的山谷之中，仿如坐落于一个布袋的中央，村落四周是水稻田。发源五桂山脉的兰溪在村边蜿蜒流过，满足村民生活、灌溉用水之外，也使翠亨村增添几分灵秀。乡村之间的道路从村东南经过。翠亨村东面朝向珠江口伶仃洋，因此，绝大部分建筑均坐西向东，夏秋两季，海风从东面习习吹来，令人倍感舒适。翠亨村年平均气温21.6℃，1月平均气温13.1℃，7月平均气温28.4℃，年均降雨量1731毫米，树木四季常绿。翠亨村的选址藏风聚气、负阴抱阳，完全符合"最贵地"的要求，体现了传统强调天人合一的理想境界和对自然充分尊重的理念，与周围的地形地貌和山水自然风光和谐统一。20世纪30年代国民党党史会编纂王斧初访翠亨村时，有如下形象的描述：

> 窃以为凡一伟大瑰琦之士之杰出，自必有其杰出之基。盖个人之精神、思想，常与其家庭、环境，有极大影响也。斧未履总理故乡之先，想象总理故乡，当如何如何，今身亲其境矣，浏览周遭天然景物，其壮观及美丽，真出乎意表。吾侪姑立于总理室前之旷场，褒衡既广，泉山且环绕，白云如絮，徐徐出岫。古树多章，老干纵横，垂荫亩余。原上野花遍放，夜草怒生，牛羊慰慰，徘徊草畦间，笋其茸茸两耳，以听牧童之歌声，殆极田家风味也。

翠亨村自明代嘉靖年间陆氏迁居算起，迄今已有近五百年的历史，村落的建设最初大抵也没有什么完整的规划，随着人口的繁衍、村民经济实力的增强以及自然与社会环境的变化，村落范围也逐渐扩大，至清代末期，大致形成现在所见翠亨村旧村的规模。从1929年11月粤汉铁路株韶段公路局杨永棠绘制的《总理故乡翠亨村平面图》看，翠亨村东、南、西、北四面设有"祥宗泰岱"、"薰风南来"、"瑞接长庚"等四个村门。走进翠亨村的"祥宗泰岱"东门（翠亨村正门，门前是翠亨村往南萌墟和县城石岐的干道），迎面的建筑是始建于康熙年间的翠亨村庙北极殿，这也是翠亨现存可知年代最早的建筑，似乎翠亨村的民居分布就是以北极殿为"龙头"发展起来的；北极殿的左侧是现在翠亨诸姓中最早迁入定居的陆姓的祠堂"兰桂陆公祠"，祠堂的周围是陆姓人家的住宅；往左是冯姓的祠堂"冯氏宗祠"，宗祠的周围聚居着冯姓族人；村中东西中轴线"正巷"（今中亨街）两侧及村子的西北分布着杨贞义堂、杨莱礼堂、杨启怀宅等杨族的三进三开间大宅以及杨仰仙祠、杨兼善祠、杨寅庵祠等三座祠堂；其余各姓则主要分布于村子的西南。这个布局，有意无意间仿佛也与翠亨村各姓的迁入定居先后以及在村中的实力地位暗合。翠亨村的村落空间格局与广府地区流行的梳式布局相似，街巷纵横交错，村庙、祠堂、大宅与普通民房分布村中，高低错落，以传统青砖墙、灰瓦、硬山顶建筑为主，有比较完善的地下排水系统，古村风韵朴素典雅。村后杨氏花园"韵园"旧址的数株百年木棉树每逢春季盛开深红色花朵，曾博得诗人郭沫若

N

20世纪30年代翠亨村建筑分布图。

据1929年11月粤汉铁路株韶段工程局杨永棠所绘故乡翠亨村平面图》及汉门新马路68号日月星水电行所绘的《翠亨乡地籍总图》。在《翠亨乡地籍总图》中，当时是"广东建设厅农林局中山农事试验场"，"杨兼蓍祠"当时是"中山县立乡村师范学校"，"北极殿"是"区公所"，"陆兰桂祠"是"中心小学"。

翠亨村重要文物建筑分布图（冯水允绘）

翠亨村依山濒海，坐西向东。

以"村外木棉花正红"的诗句赞赏。

珠江三角洲近代以来饱受匪盗之苦，翠亨村也不例外。当地人把贼匪结伙抢劫村户，俗称为"打明火"。这些贼匪常常会派人到村庄里探察，摸清村里各户的家境，然后在三更半夜人们熟睡之时，率众而来，大肆抢掠，不论金银财宝，现金衣物，谷米粮食，全部搜刮一空。经济较为富裕的华侨常常是贼匪的目标，如果被洗劫时一下拿不出钱来，还有可能被"标参"，就是绑架人质勒索赎金。猖獗之时，甚至光天化日之下盗匪也公然入村抢掠。

翠亨村被盗匪洗劫的新闻甚至可以在千里之外上海的《申报》上看到，1879年6月的《申报》上，就有这么一条报道：

> 缉获剧盗——广东香山县境盗风日炽，今春二月间，有盗二十余明火执械抢劫翠亨村陆耀庭等三家。四月又抢唐姓，五月抢谭姓。

这篇报道中的"唐姓"，当指翠亨附近约10公里外的唐家镇（今属珠海），"谭姓"所指应是距离翠亨约3公里的崖口乡，崖口乡包括东堡、中

翠亨村杨家花园"韵园"旧址盛放的木棉花

翠亨村"祥宗泰岱"东门

翠亨街巷

堡、西堡三条村，均是以谭姓为主的村落。

面对这样的社会环境，翠亨村在村落防卫方面也有相应的规划。翠亨村四周陆续筑成坚固围墙，尤以面海朝东一段建筑于1926年前后的围墙最为坚固，这段围墙由华侨捐资建设，用混凝土预制件砌成，墙上等距离布有枪眼和哨口，直到现在仍保存完好。围墙把翠亨村的祠堂、住宅都围起来，村子在四面各开一个闸门，白天打开出入，晚上关闭，闸门上树以粗大的木柱加固，防止盗匪以及坏人在夜晚混入村中，保卫村民安全。村中在"祥宗泰岱"东门内及村后建有更楼，在"瑞接长庚"西门内设有"更馆"。更楼一般是村中最高和最坚固的建筑，登上楼顶可以俯瞰全村及瞭望村外，有效监察村子内外的情况，近代还添设水车、水枪等消防用具，更楼便兼具报时、防火和防盗匪等功能。孙中山先生的父亲孙达成为帮补家计，有一段时间白天操劳农务之余，晚上还兼作村里的更夫。1883年，孙中山自檀香山回乡后，运用在西方学到的乡政管理知识，对翠亨村的公共建设和管理进行了改良。他在村中倡议添设街灯夜间照明，既便利村民生活，也防止坏人趁黑混进村中。孙中山又组织村中青壮年组成夜警团，配备枪支，在夜间轮流巡逻，保护村子的安全。据说当时一村有事，如翠亨村晚上鸣枪，周围如竹头园、攸福隆、长沙埔各村都会鸣枪响应助威。围墙、闸门、更楼、街灯、巡逻队等组成了村落治安保卫系统，这些村落公共防卫措施具有一定的代表性，反映出近代珠三角的"盗匪如麻"和经济逐渐富裕的社会现实。

民国成立后，为纪念翠亨村的孙中山、杨鹤龄、杨心如、陆皓东、孙眉（号寿屏）、孙昌（字振兴）等革命先贤先烈，曾以总理大街（今泰和街）、鹤龄街、心如街（今中亨街一巷）、皓东街、寿屏街（今永亨街）、振兴街（今和兴街）等命名村中主要街道，使村落平添了几分革命历史气息。

翠亨村的历史建筑，从功能看可分为公共建筑与村民居所；从建筑规模看，豪门大宅到贫农草寮兼有；从建筑风格来看，中国传统建筑、富折衷主义色彩的华侨建筑、古典复兴主义时期建筑并存，俨如一部浓缩的华南近代建筑史。因应当地地形，炎热多雨、常受台风吹袭的气候环境，近代侨乡治安不靖的社会现实，以及日常生活的需要，岭南建筑在解决通风、隔热、防风、防雨、防潮、防盗等方面都别具特色。

1926年前后，翠亨村围墙筑修时摄影。

翠亨村东面旧照，时翠亨村东面围墙刚筑修完成。

翠亨民宅

华侨杨高的住宅

传统建筑

翠亨村的建筑以岭南传统建筑为主。因应经济力量和社会地位的不同，翠亨传统民居既有三进三开间连花园的官商地主大宅，又有三间两廊布局的中等之家，当然还有不少明字屋或单间的普通民房。翠亨村的传统民居一般都是砖木结构，硬山顶、花岗岩石（俗称麻石）墙脚、青砖墙、灰黑色瓦，个别也会采用蚝壳等建筑材料，或夯土等建筑技术，地面铺设吸潮的红色方砖。民居使用砖雕、木雕、灰塑或彩画装饰，屋檐下常有精美的雕花封檐板；硬山墙顶部常用各种线角、万字纹或卷草纹装饰；室内摆设精美的酸枝、坤甸等硬木家具，经济宽裕的家庭在正厅之上还会有雕刻精美的木雕贴金神楼；为了适应南方的气候，很多人家的窗子还采用了西式的百叶窗。为了防盗、防潮以及风水的考虑，一般一楼外墙不开窗，二楼的朝外窗户一般较小，花岗岩窗框，粗大的铁窗柱，大门也一般采用硬木，格外厚实。翠亨村的传统大宅及祠堂，其建筑工艺、格局与省城广州以及番禺、南海等华南其他地区的同类建筑非常相似。所谓"传统建筑"，一般是指由历史与文化承传下来的建筑，这些建筑的有形空间在一些无形的要素作用下表现为整体的协调，其营造方式、空间形态、艺术风格、装饰手法等都沿袭着某种相同的模式和范本。有学者指出：华南传统建筑的精华，是这个地区国家化的一个表征，成为乡土士绅表达自己正统身份的文化形式，也是一个教化和传播国家文化的空间。杨贞义堂、杨启文宅、杨兼善祠、杨翰香堂等可算是这类传统建筑的代表。

杨贞义堂建于晚清，是翠亨三进三开间传统大宅的代表之一。建屋者杨启垣及其父亲杨业勋均捐纳得"诰封朝议大夫"官衔，因而此屋亦称"朝议第"。整座建筑中轴对称、方正庄重，分为三进，每一进地基均升高一级，寓意着步步高升。杨贞义堂正面是凹斗式大门，墙基、台阶、门框等均由整块花岗岩石板砌成，这种凹斗式的"门面"强调了入口的轴线感，在阳光的照耀下产生立面的阴影，形成丰富的空间层次。正门正面墙身由细洁光润的水磨青砖砌成，每块砖的每一条边都打磨得十分平直和光滑，再精细地砌得严丝对缝，砖缝中灌上春熟汁，真正达到"磨砖对缝"的效果，砌成的墙面平整如镜面。门额昔日曾悬挂"朝议第"大匾，两边则是"德门启范，寿宇长春"的木对联，屋檐下有精美的木雕花檐板以及清代灰塑和彩画装饰，经过百余年的风吹雨打，那些灰塑玫瑰花，仍然红艳如新。和翠亨其他民居一样，杨贞义堂大门前有一道矮门，俗称脚门，由两扇向外对开的折叠木门组成，脚门上部是格栅，有利于室内向外观窥又能遮挡街外的视线干扰；脚门下部是实板，能遮挡阳光和防止飘雨对大门下部的侵蚀；大门由两块巨大的整块柚木板做成，既坚固又显贵气。第一进门厅左侧有门官龛，两边厢房的门额灰塑装饰色彩斑斓，富有西方情调。第二进中厅悬挂"贞义堂"木匾一方，是清代广东名学者史澄所题。史澄字穆堂，曾任清国史馆纂修、国子监司业、山西乡试正考官、《广州府志》总纂等，1855年后回广东，曾先后掌教丰湖书院、端溪书院、粤华书院，著有《安和堂示范》、《鉴古迩言》等著作。昔日翠亨村各家各户，都喜欢取一个堂号，如杨汉川宅称"翰香堂"、杨庆簪宅称"启遵堂"，还有"尊德堂"、"莱礼堂"、"福荫堂"等，以示诗礼传家。据杨启垣后人杨帝俊老人回忆，过去每年春秋两祭，家中长辈就会聚集子孙于"贞义堂"匾下，讲述"女子要贞洁，男子要忠义"的家训。贞义堂三进建筑之间有两个天井，四面瓦檐雨水汇聚，通过地上的圆形方孔制钱形石漏引导进地下排水系统，称为"四水归堂"，在传统观念中，水即为财，"四水归堂"就是聚财而不外流之意。第二进和第三进之间的天井两侧有保存完好的木嵌玻璃满洲窗，庭间栽有岭南花木，四季常青，倍添恬静幽雅的意境；天井上檐口横批的木花格由大片半透明蚝壳磨制成的薄片，逐片拼嵌而成，晶莹如玉，在玻璃还不普遍的年代，这种花格既能透光又能挡风雨，并把各种入射光扩散投射，取得很好的艺术效果。第三进正厅原设有精美的贴金木雕神楼；正厅两边则挂着杨启垣父亲杨业勋及母亲王氏的画像，两幅画像线条流畅，色彩和谐，形象传神；正中条案上则供奉着建屋者杨启垣本人的一幅生活写真画像，画中杨启垣坐在椅上品茶，姿态自然，神情闲雅，一个传统士大夫形象跃然纸上，一个侍童从屏风后探出头来，别饶趣味。第三进正厅之后，是厨房和储藏室。翠亨濒临珠江口，地下水水位甚高，村民往往在自己家中厨房打井，既方便日常生活取水，又保证水源清洁。此外，在治安不靖的年代，如果盗匪围攻村子，各家各户关门闭户，有粮食又有井水，便可以在屋中坚守多天，直至盗匪离开。但井水受海水影响，一般不如山泉水清洌，因此翠亨村民也喜欢到村外金槟榔山山腰的山水井挑山泉水饮用。

杨贞义堂

"贞义堂"木匾，清代广东名学者史澄题书。

杨贞义堂立面示意图　（黄佩贤测绘）

杨贞义堂外墙灰塑

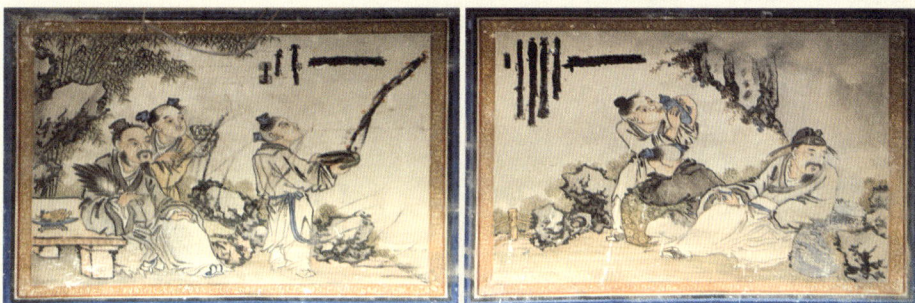

杨贞义堂外檐下彩画

杨贞义堂厢房门楣灰塑，纹饰带有明显的西洋风格。

杨贞义堂天井

杨贞义堂偏房天井檐口用磨制的贝壳片镶拼而成的半透明花格

杨贞义堂门官龛

杨启垣画像。杨启垣（1826～1866），清"诰授奉政大夫"，杨贞义堂建筑者。（杨帝俊提供）

杨启文宅

　　建于清末的杨启文宅也是当地传统大宅的代表之一，整座建筑风格与
杨贞义堂相仿，但规模更大，正座三进三开间，右侧另有一路副屋，建筑
中轴对称，青砖墙，硬山顶。正面墙身由细洁光润的水磨青砖砌成，砖质
细密、坚润如玉，上部有精美的以岭南特色水果如菠萝等为内容的彩色灰
塑和彩画装饰。屋檐下封檐花板俗称"花檐"，是以岭南花卉佳果为题材
的精美木雕，既可供人驻足抬头品味欣赏，又保护桁条免被雨水侵蚀。为
了防潮和防盗，全屋正面和两侧的外墙都用花岗岩石板砌筑高约1.6米的
墙脚，为全村所有民居建筑之最，也凸显出屋主杨启文为当时翠亨首富的
身份；窗户均为花岗岩窗框，窗楣有精美的瑞兽灰塑，焊有粗大、坚固、

杨启文宅外檐下灰塑

杨启文宅封檐花板局部

讲究的铁栅栏和漏花铁窗。屋后原有杨氏三兄弟合建的名叫"韵园"的花
园，今遗址尚存，数株百年桄榔树迎风摇弋，园中旧栽的木棉树高大挺
拔，每到春天红棉花盛开时，满树枝干缀满艳丽而硕大的花朵，如火如
荼，壮丽耀眼。屋主杨启文（1825～1909），为"清诰授中议大夫"，据
说其人好"行善积德"，曾自翠亨石门坑至石岐之间，修建桥梁90多座，
以便交通，还在翠亨村设下燃煤油的街灯。因杨启文在众兄弟中排行第
四，故此屋亦称"四宅"。杨启文生有十子，多捐纳得官衔，如次子杨天
宝，为"清诰授奉直大夫、钦加五品衔、候选布政司经历，太学生"。

杨启文宅侧面，高高
的花岗岩墙基既防潮又
防盗。

杨启文宅的窗户，窗楣有精美的瑞兽灰塑，焊有粗大、坚固、讲究的铁栅栏和漏花铁窗。

杨宅花园"韵园"的花盆

杨启文与夫人程氏的油画像

杨翰香堂（杨殷故居）

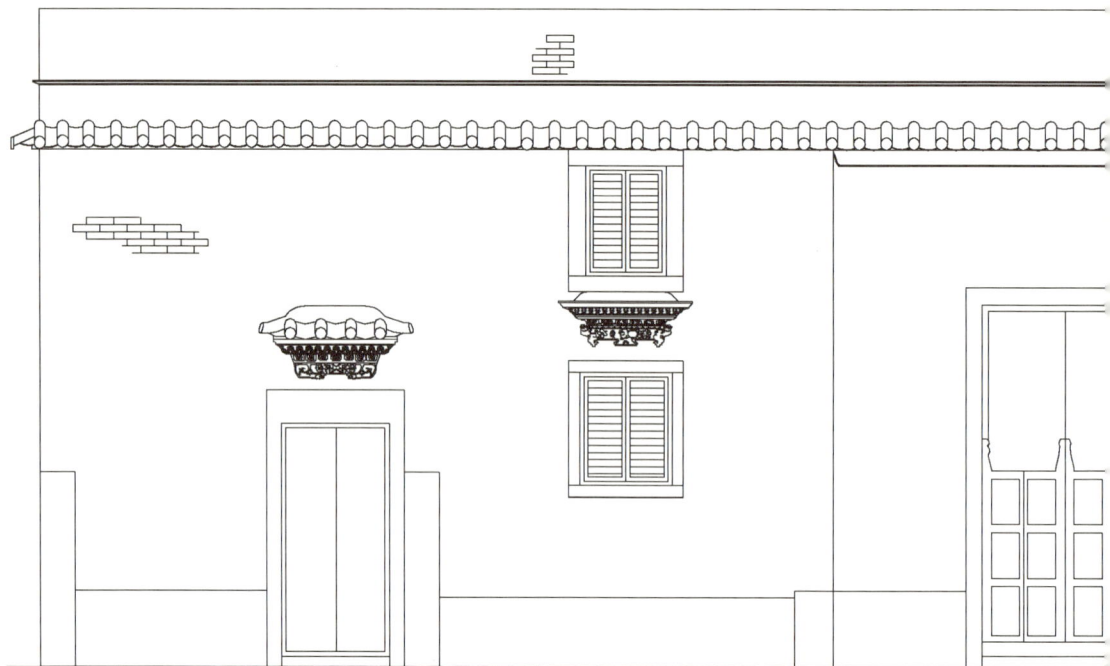

杨汉川（1856～1902），杨殷烈士父亲，据说孙中山曾随其学习国学。

　　杨翰香堂是杨启文长子杨汉川的住宅，建于清光绪十四年（1888）前后，是当地典型的"三间两廊"式建筑。"三间两廊"式建筑是岭南广府地区传统建筑中分布地域最广、流传时间最长的建筑形式。所谓"三间"，即正面一列三间房屋，正中为厅堂，两侧次间为居室。厅前为天井，天井两旁为廊，此谓"两廊"。翠亨村的"三间两廊"式住宅一般还会在左侧附建厨房及粮食储存和加工的房间。杨翰香堂建筑也是花岗岩石板墙脚、青砖墙、硬山顶，屋

杨翰香堂（杨殷故居）立面示意图（黄佩贤测绘）

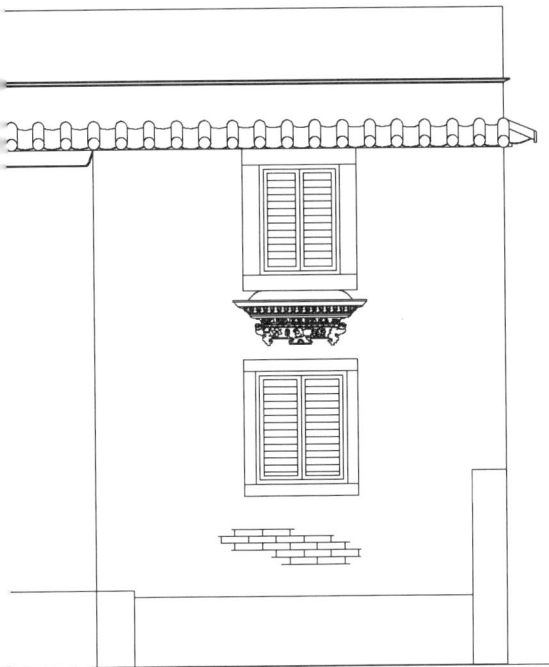

顶檐边还建有一圈女儿墙，有利于抵御台风及盗匪的进攻。屋檐前有精美的木雕檐板，窗门采用西式的柚木百叶窗，窗楣有精美的以岭南特色水果荔枝、佛手、杨桃等为内容、带西洋风格的灰塑装饰。进大门后是天井，左边廊屋是饭厅，右边廊屋则是书房，书房有门可通花园；经过天井正对大门的是正厅，正厅摆设有全套的红酸枝木扶手椅，富贵堂皇；神楼木雕精美，金碧辉煌。正厅左、右两侧的卧室及饭厅均用木板分作上下两层，提高房屋的利用率。厨房及粮食加工间附建于左侧。据说杨启文生有十子，曾计划按照翰香堂的规模和样式在翠亨村中再建筑九座一模一样的房子分给其他九个儿子居住，但因各儿子多出外经商，不愿回乡居住而作罢。杨家的富有远近闻名，自然难免盗匪的觊觎，1895年前后，曾有强盗打劫杨翰香堂，当时杨汉川夫人闻贼至，大惊失色，将嵌有拇指大的大珍珠包额扔到金鱼池中，带上儿子杨殷从后门逃走，后虽幸免于贼劫，但已受虚惊一场。盗匪当时曾撞穿杨翰香堂正面外墙，并朝屋内放枪，至今外墙修补痕迹尚存，摆放在正厅条案上的杨启文画像及酸枝插屏尚留有当时遭射击的枪孔。抗战时，杨翰香堂曾被日军占用，现在建筑外墙尚有抗战时子弹孔等痕迹。屋主杨汉川，为"清敕授修职佐郎、候选训导、廪贡生"，据说孙中山曾随他学习国学。杨汉川长子杨殷是孙中山革命追随者，也是中共早期领导人和著名工运领袖。1989年6月，杨殷故居（"杨翰香堂"）被公布为广东省重点文物保护单位。

杨翰香堂（杨殷故居）侧门

杨翰香堂（杨殷故居）的窗，窗楣有精美的以岭南特色水果荔枝、佛手、杨桃等为内容的灰塑。

杨翰香堂（杨殷故居）正厅

杨翰香堂（杨殷故居）厨房

杨翰香堂（杨殷故居）书房的酸枝躺椅，典型的广式风格。

1914年，杨翰香堂（杨殷故居）重新登记缴税时所领的断卖契纸。契纸上的户主杨典乐即杨殷烈士。

华南乡村中，最宏伟和精美的建筑往往会是祠堂。屈大均在《广东新语》的"祖祠"条中说："岭南之著姓右族，于广州为盛。广之世，于乡为盛。其土沃而人繁，或一乡一姓，自唐宋以来，蝉联而居，安其土，乐其谣俗，鲜有迁徙他邦者。其大小宗祢皆有祠，代为堂构，以壮丽相高。每千人之族，祠数十所。小姓单家，族人不满百者，亦有祠数所。"各村各族都会倾尽财力，聘请名工巧匠，选用上等材料，建筑体势庄重、规制谨严的祠堂，以彰显宗族在地方的威势。香山与华南其他地方一样，都重视祖先祭祀，道光《香山县志》载："春秋祭于祠，其仪盛；冬至亦祭，其仪简。自高曾以下生辰忌辰，虽贫无弗祭者。"祠堂是宗族制度的物质象征，也是宗族活动的中心，红白喜事及祭祖、开灯乃至处理宗族事务、执行族规家法等大小事情都会在祠举行，所以祠堂也是礼法教化的重要场所。

翠亨村原有祠堂五座，包括杨族的寅庵祠、兼善祠及仰仙祠三座祠堂，陆氏的兰桂陆公祠以及冯族的冯氏宗祠，据说其中以杨寅庵祠（已拆毁）建筑规模最大，但现在尚能大概窥见当日建筑规模及工艺的应推杨兼善祠。顾名思义，杨兼善祠就是翠亨村杨兼善房族人的祠堂。杨兼善名廷英，字达勋，生于乾隆三十九年甲午四月十九日，卒于咸丰九年己未三月二十日，于清咸丰九年间"晋封中议大夫"。杨兼善第三子杨启焕据说为买办，四子杨启文、五子杨启操、六子杨启怀三兄弟是当时翠亨村最富有的人，四兄弟并分别捐纳得朝议大夫、中议大夫、奉政大夫等官衔，据此推测，杨兼善祠应建于杨氏兄弟暴富之后，大约在清同治年间。

杨兼善祠现虽屋顶已倒塌，但"骨架"尚存，部分建筑细部亦保存完好，依据现存的结构、构造和样式可以窥见当年原貌，是岭南祠堂的典型风格。该祠主体建筑三开间两进，正座左右两旁各建有一路副屋，主体建筑与两旁副屋以"凤起"、"蛟腾"两条巷子相隔，整座建筑中轴对称、方正庄重。祠堂凹斗形大门位于高五级的台基上，左右两侧花岗岩塾台，塾台基部有西洋风韵的精美石雕花纹，塾台上石柱用俗称"虾公梁"的石枋连结，上有人物石雕；祠堂正立面由水磨青砖砌成，严丝密缝，反映出当时匠人高超的建筑工艺。杨兼善祠建成后是家族祠堂，兼善房祖先的牌位供奉于此，族中大事都会在此商议。民国年间，杨兼善祠曾用做"中山县立乡村师范学校"，新中国成立后则曾用做村礼堂、粮食加工厂、仓库

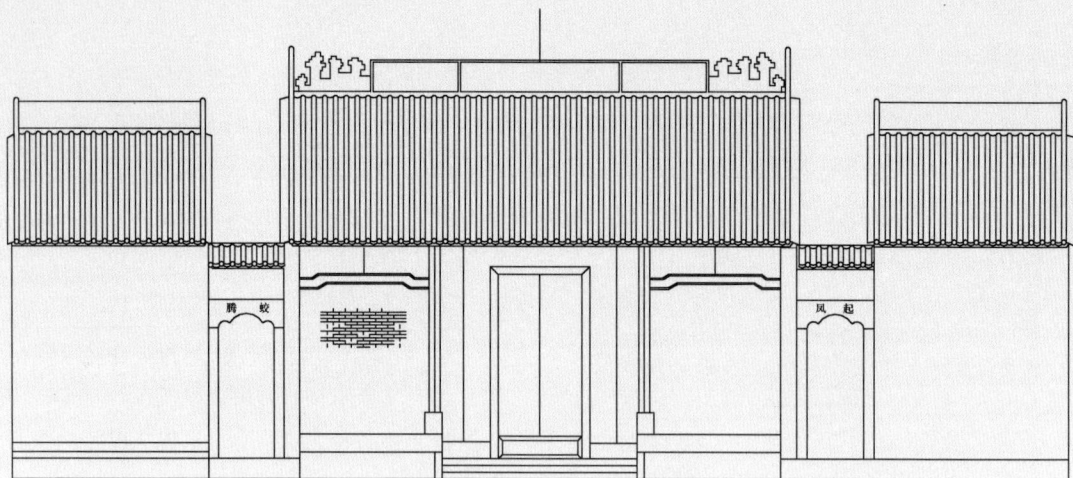

杨兼善祠立面复原示意图（黄佩贤测绘）

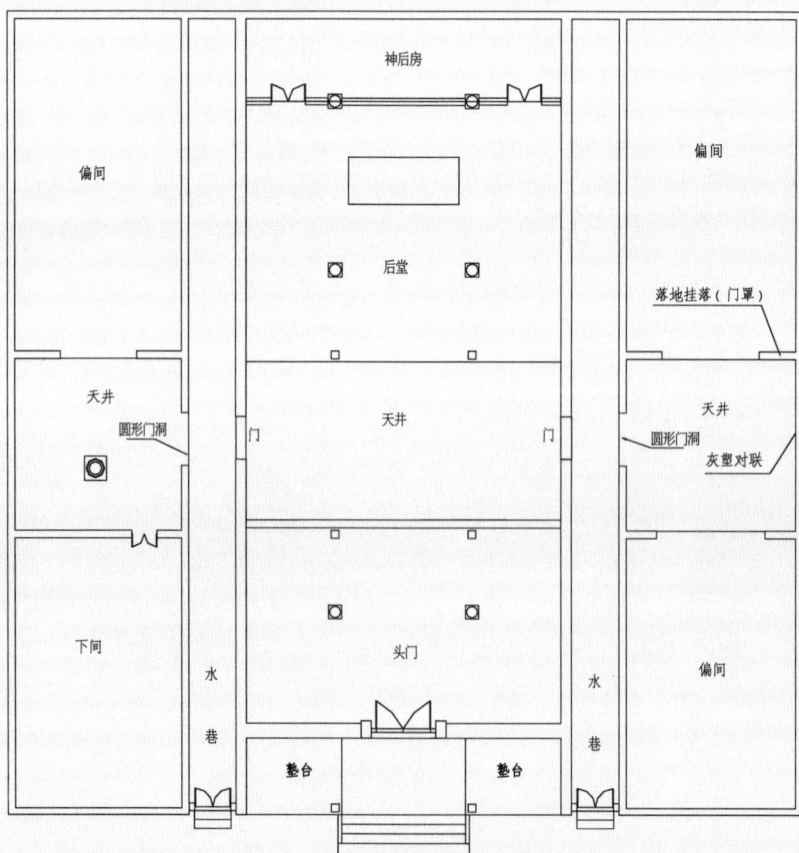

杨兼善祠平面复原示意图 （黄佩贤测绘）

和牛棚等，见证了翠亨村近百年的历史变迁。

至于现在保存尚完好的冯氏宗祠是常见的三间两廊式建筑，无论建筑规模还是工艺都要远逊于杨兼善祠，但却是翠亨村现存唯一一座抬梁式梁架建筑。冯氏宗祠曾用做翠亨村村塾，孙中山、陆皓东、陆华显等均曾在此读书。2000年11月，中山市人民政府公布冯氏宗祠为中山市文物保护单位。

杨兼善祠遗址今貌

杨兼善祠水巷"蛟腾"石额

杨兼善祠塾台石雕

杨兼善祠塾台石柱础

杨兼善祠石雕构件

翠亨村冯氏宗祠

冯氏宗祠是翠亨村保存下来唯一一间抬梁式梁架的建筑

折衷主义风格的华侨建筑

华侨建筑是侨乡的标志之一。19世纪末20世纪初，世界建筑潮流流行折衷主义，这一建筑流派的重要特点，是把历史上曾经出现过的各种西方建筑风格如古希腊式、古罗马式、巴洛克式……以及古典主义、浪漫主义、洛可可等建筑风格结合起来，随意组合，任意模仿，形成一种仿古而又没有固定模式的建筑风格。这种建筑风格正满足了海外华侨对西方建筑不甚了了，而又想模仿的心态和需求。翠亨村中就有不少华侨所建的属于折衷主义风格的"华侨屋"，他们把侨居地的西方建筑风格和装饰与中国的传统建筑相结合，追求个性突出，为传统的翠亨村带来西洋文化的新鲜气息。即使以传统风格为主的民居建筑中，在门窗装饰、家具摆设也处处体现中西文化交融的特点。这些侨乡建筑反映出外来文化在近代华南乡村的影响，使侨乡展现出独特的文化景观。孙中山亲自设计和主持修建的孙中山故居就是这类建筑的代表。

孙中山一家原本住在村边一间4米宽、8米长（一说5米长）的旧屋之中，孙科曾听家人说，这间旧屋"已有一百多年历史，房子的墙是由泥土、蚝壳和石灰筑成的。"孙眉赴檀香山后经济稍宽裕，便于1885年汇钱回乡，建筑平房一间。1892年，在檀香山茂宜岛经营牧场，经济实力已较强的孙眉又再汇款回乡，在1885年所建旧房的基础之上，往左加建两间，成横三开间，上面再加建一层，建成现在所见的三开间两层的孙中山故居主体建筑，房子由翠亨村附近下栅乡长福号建筑商承建，据现在保存下来的孙中山故居主体建筑工料单，共耗用白银九百三十四两七钱二分，但这份工料单并没有包括砖、瓦等原材料在内，所以建筑孙中山故居的总费用肯定在这个数字之上。1913年后，孙眉又主持在主楼之后增辟后院，建筑厨房、浴室、厕所及储藏室，并把前院的旧屋拆掉，基本形成我们今天所见的孙中山故居的面貌。

进入孙中山故居的院门，就是前院，左侧是孙家祖屋的旧址，1892年11月12日，孙中山先生就在这里出生。1913年后，孙家把这间房子拆掉，旧址现尚存水井一口。前院右侧是一棵郁郁葱葱的酸子树，据说是孙中山1883年从檀香山带回树种并栽种在此的。20世纪30年代，这棵酸子树曾被台风刮倒，但仍顽强生长，枝繁叶茂。1962年3月8日，诗人郭沫若到此参观，曾以

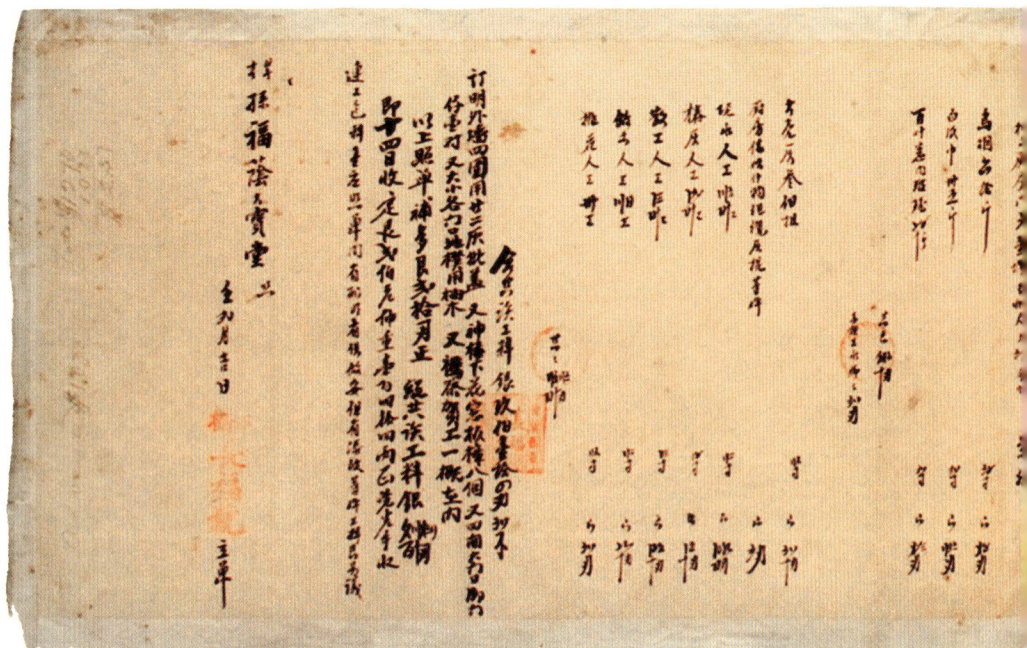

孙中山故居建筑工料单，由承建商下栅乡长福号于1892年订立。

"酸豆一株起卧龙"形容它的奇特姿态以及所象征的不畏艰难、愈挫愈奋的精神。主楼一楼中间是正厅，正厅之上有贴金木雕神龛，刻有"法乳沾濡松柏茂，春风披拂桂兰香"的对联，正厅两边墙上悬挂孙中山先生父母画像，摆设的是传统的酸枝木家具；正厅神龛之下、隔扇屏风之后的房间当地人称为"神后房"，一般由家中长辈居住，当时是孙中山母亲杨氏的卧室。正厅右侧是孙眉的会客室和卧室，左侧是孙中山的卧室，卧室之后是小饭厅。二楼右侧是孙中山先生的书房及休息室，左侧则是客房和小客厅。后院包括厨房、浴室、厕所及储藏室。整座建筑功能齐备，房屋分割设置科学合理，兼顾家庭各种需要，已具有现代住宅设计的味道。

孙中山后来在《建国方略》之一《孙文学说》中阐述"知易行难"的学说，曾举"建屋"为例：

　　设有人欲以万金建一家宅，以其所好及其所需种种内容，就工师以请设计。而工师从而进行，则必先以万金为范围，算其能购置何种与若干之材料，此实践之经济学所必需知也。次则计其面积之广狭，立体之高低，地基之压力如何，梁架之支持几重，务要求得精确，此试验之物理学所必需知也。又再而宅内光线如何引接，空气如何流通，寒暑如何防御，秽浊如何去除，此居住之卫生学所必需知也。终而客厅如何陈设，饭堂如何布置，书房如何间隔，寝室如何安排，方适时流之好尚，此社会心理学所必需知也。工师者，必根据以上各科学而设计，方得称为建筑学之名家也。

其实早在1892年，孙中山就进行过这类"建屋"的尝试。孙中山故居的主楼是孙中山先生设计和主持修建的，当时他正在香港西医书院读书。孙科曾经忆述说：

当时的乡下并无所谓建筑师，所以由先父（即孙中山）自己设计、绘图，然后雇了泥水工兴建，至其房子的式样，则大致和澳门西式房屋相似。

孙中山故居

孙中山故居正厅

孙中山故居立面示意图 （黄佩贤测绘）

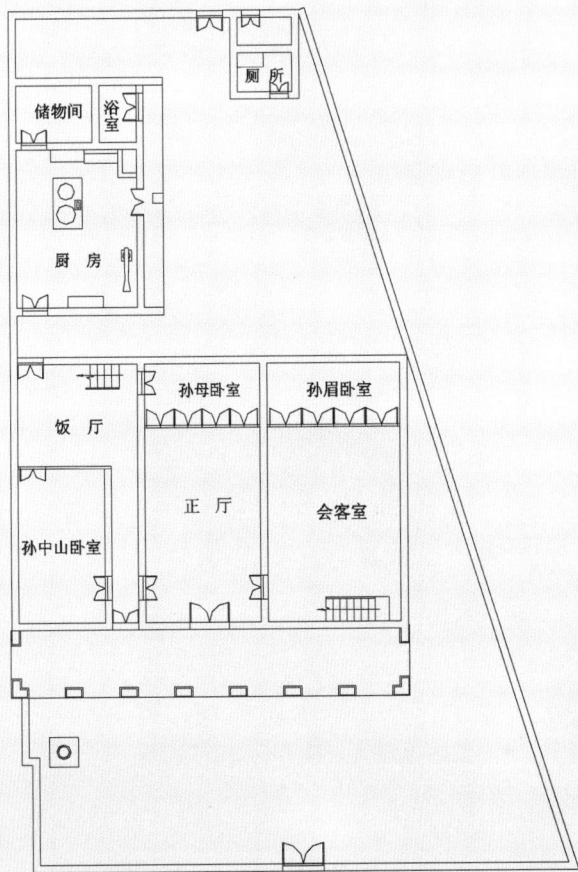

孙中山故居一楼平面示意图 （黄佩贤测绘）

孙中山故居厨房

孙中山故居前院的酸子树，据说是孙中山1883年从檀香山带回树种并栽种于此。

翠亨村的这所房子也许是孙中山一生中自己设计的唯一一座建筑，我们今天重新审视这所建筑时，孙中山后来在《建国方略》中提到的建屋时所需考虑的涉及经济学、物理学、卫生学、社会心理学的种种因素，一一可以得到印证。

孙中山设计的这所房子，与翠亨村的传统民居相比，具有三个特点：首先是坐东朝西，因为翠亨村三面环山，东面向海，翠亨民居一般都是坐西向东，海风从东面吹进，村人生活更加舒适。孙中山故居之所以与众不同，孙科曾回忆说：

> 不过乡下的房子，普通都是门朝东方，我们这幢房子确实唯一向西的，许多人都不知其所以然。其实因为新购的这块地皮，建造的房子如仍朝东，正好对着人家的后门，也没有空地，朝西则面对树林，据乡人称那些树林为风水林，不能砍伐，因此索性决定把房子朝西建造，面对天然公园，一反乡人建造房子的习惯，就是这个道理。

孙中山故居的第二个特点是建筑风格外洋内中，这种中西合璧的房子在岭南侨乡相当普遍，当地人戏称这种房子为"西装屋"（好像传统的中式房子外穿了一件"西装"一样）。孙中山故居的正面带有欧洲柱廊式建筑的风格，正面两层骑廊，每层均有七个连拱，正立面色彩以赭红色为主，拱券及廊柱边角则用白线条勾勒。屋顶山花图案独特，最上图案为太阳，象征日月长明，而下面图案到底具体所指为何，众说纷纭，似应是传统"蝠鼠咬金钱"吉祥图案的变体，与太阳图案相配，寓意着福、禄、寿全，但蝙蝠图案双翼似鹰，而金钱图案也在似与不似之间，耐人寻味。骑廊的设计除了美观，还为了遮挡夏天强烈的西晒阳光。这个西式的骑廊最初是木结构的，木楼板上铺方阶砖。木骑廊在民国年间被白蚁蛀蚀倒塌，才重修成现在所见的砖柱和水泥楼板结构，至于外貌则一仍其旧。与正立面西洋风格不同的是，孙中山故居内部的设计与装饰却是当地民居的传统式样，青砖墙，硬山顶，大厅正中设有雕刻精美的贴金神龛，据说接受西方教育的孙中山本不同意在新居中设立神龛，但为孝顺母亲，才顺从母意设置了这座神龛。神龛内分上下两层，按当地的传统，上层应该供奉观音菩萨，下层则供奉祖先牌位。孙中山元配夫人卢慕贞信奉基督教后，已把神像和牌位撤去，所以我们今天看到神楼是空空如也。

20世纪30年代的孙中山故居

　　孙中山故居还有一个特点是门多窗多、回环连通。据统计，孙中山故居内共有大小门22个，大小窗户和天窗等共26个，过道4条，楼梯2座。传统民居的大厅正梁下一般是不开窗户的，但孙中山故居就打破传统，在正梁下开了4个窗户。这种设计因应孙中山故居朝西，夏天下午西晒十分厉害，多开门及窗户，适应岭南炎热潮湿的气候，加强南北空气对流又改善采光，有利于屋内人的健康。孙中山故居的窗户分为三层，每个窗户最里面是玻璃窗，可以挡风雨；中间一层是坚固铁窗柱，有防盗的功能；最外面一层则是仿照热带地区房屋的柚木制百叶窗，可以较好地调节光线强度，既可遮挡强烈的阳光，又保持通风透气，既能观察外界又能保证室内私密，这种窗户设计在近代岭南民居中尤其是侨乡也很常见。当房子落成的时候，孙中山亲笔写了"一椽得所，五桂安居"的对联悬挂于门前，这房子历经百年至今仍然保存完好。

孙中山故居正面灰塑山花

孙中山故居二楼骑廊

建于民国年间的钱润华宅也是有代表性的华侨建筑之一。屋主钱润华是檀香山华侨，曾蝉联四大都会馆主席多年、两任中华总会馆主席、中华总商会董事、蟠桃会首任会长、互助学校董事长、致公总堂主席等，当地华侨称赞他"性聪颖，颇晓祖国历史，近年以中文演讲，甚为流利，人多羡之，办事勇敢有为，善于策划。"

钱润华宅位于翠亨村西北面，杨翰香堂（杨殷故居）左侧。据说钱润华宅与杨翰香堂（杨殷故居）本是相邻两座建筑风格相近的三间两廊式传统民居。后钱润华从檀香山回村购得此屋进行改造，拆去原屋硬山顶屋顶并加建二楼，加以西方格调的装饰，改建成现在所见的样貌。现在一楼大门的花岗岩石门框及墙脚仍然是传统民居的款式，与杨翰香堂（杨殷故居）相仿。

钱润华宅三开间两层，进深四间，每层中间是大厅，两边各两个房间，分布合理，面积利用率高。建筑正面窗户使用三角形窗楣装饰，三角

中西合璧的钱润华宅

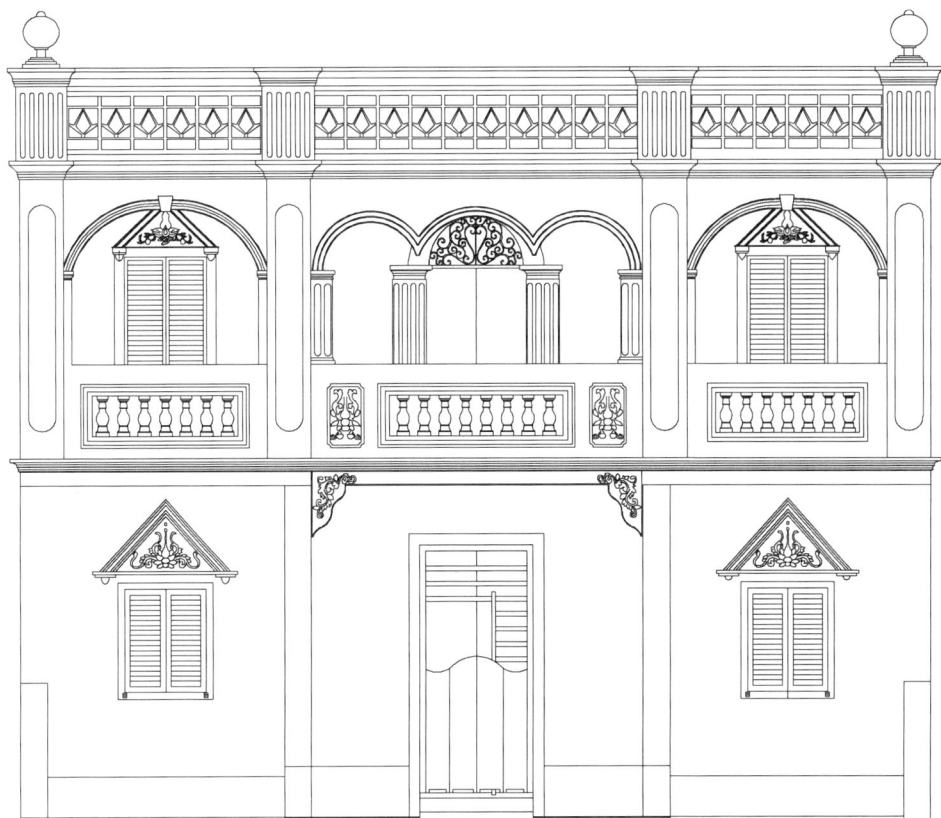

钱润华宅立面示意图 （黄佩贤测绘）

形框内塑有精美的灰塑花卉图案，使朴素简单的窗户变成一件富异国情调的艺术品。大门分两重，外面一重是华南地区常见的"趟栊门"，"趟栊门"是一种可推动的栅栏门，一般由坤甸木或柚木等较坚固的木材做成，关起门后，既通风透气，避免潮湿，屋主可以从屋内观察室外的情况，小孩子又不能随便跑到外面玩耍，而屋外的陌生人则不能随意进入室内，提高安全性。大厅正面两侧有灰塑博古图案，正中有圆形国画装饰，楼顶天花正中还有一个圆形的天孔与二楼相通，以焊铁花窗装饰。几乎每家必有的神龛则设在二楼，二楼柱廊伊斯兰式叶型连拱用色大胆富有中东风情。大厅天花和二楼阳台天花均绘有带西方格调的圆形图案作装饰，屋顶则一改传统的硬山顶，而是混凝土浇铸成的平面天台，四周有围栏，使屋顶也成为可利用的活动场所和晒坪。

钱润华宅大厅灰塑及彩画

钱润华宅窗楣呈三角形，灰塑富异国情调。

钱润华宅的"趟栊门"，兼具开放性与安全性。

古典复兴主义时期建筑

20世纪20年代末30年代初，许多留学的中国建筑师学成回国，抱着提倡本国文化之责任，发扬民族精华的态度，掀起了传统复兴的热潮。1928年1月，国民政府定都南京，由孙科负责的首都建设委员会成立，下设"国都设计技术专员办事处"，历时一年多，编制公布《首都计划》，书中提出建筑物"要以采用中国固有之形式为最宜，而公署及公共建筑物尤当尽量采用"。"所谓中国款式，并非尽将旧法一概移用，应采用其中最优之点，而一一加以改良。外国建筑物之优点亦应多所参入，大抵以中国式为主，而以外国式副之。中国式多用于外部，外国式多用于内部，斯为至当。"这在客观上对民族建筑形式的复兴起了推动作用，这一时期被称为近代建筑的"古典复兴主义时期"。

翠亨村中山纪念中学（旧称"总理故乡纪念中学校"）民国建筑群堪称近代"古典复兴主义时期"建筑的代表作品之一。

1929年9月，孙科秉承其父孙中山先生"谋建设、培人才为富强根本"的遗愿，"深惟人才之培养出于学校，而学校之设于故乡，则愈有以见总理殷拳之意，而收观摩感奋之效，"于是在中山县训政实施委员会二届二次会议上提议：为建设中山模范县，特规划翠亨乡为全国模范农村，拟先建设总理故乡纪念学校一所。

经过孙科的积极奔走努力，南京政府拨给1928年赈灾公债十八万元、广州国民政府拨款十万元及广东省政府拨款十万元，合共筹集三十多万元作为建校经费。至1932年学校建筑经费尚差十万元，孙科在同年8月14日中山县训政实施委员会第五届大会上提议："此项不敷之数，拟应由县政府设法筹措。"当时的中山模范县县长唐绍仪批示："由政府准此，自当照办。"1933 年6月30日，中山模范县政府"令土地局另行设法划拨沙田，充总理纪念学校校产"。校舍建设由卓康成、杨华日、陆肇强、林逸民等负责。林逸民就是国民政府国都设计技术专员办事处处长，亦是《首都计划》主持编订者。

1931年11月，孙科主持奠基典礼，开始了"总理故乡纪念中学校"的建设，第一期工程鹤龄堂、寿屏堂、皓东堂、哲生堂、慕贞堂以及学生宿舍、膳堂、厨房及附属房屋等于1934年落成，并于同年开始招生。第二期工程1934年开始兴建，包括学校的主体建筑逸仙堂以及大饭堂一幢、学生宿舍三幢、附属小学校舍一幢。中山纪念中学民国建筑群占地面积约4054平方米，校园主体建筑依山势而形成梯阶式层次布局的、对称的主建筑群，寿屏堂、皓东堂、鹤龄堂、哲生堂四堂均为长方形建筑，采取围合对称布局，正对轴线的逸仙堂高高耸起，位于长长的校道尽头，起控制全局之势。建筑群采取中轴对称加院落的空间组合手法，以呼应中国传统的择中立宫和居中为尊的概念，达到"非壮丽无意重威"的效果。中山纪念中学民国建筑群主要采用仿清代宫廷建筑形式，采用大量如柱、梁、额枋等中国传统建筑形式，屋顶采用蓝色与绿色琉璃瓦为主，形式更接近中国传统大屋顶，表现出"古典复兴主义时期"的典型建筑风格。

主体建筑逸仙堂是学校的礼堂，居于校园中轴线的最高点，为五开间三层建筑，进深四间，建筑总面积约1143平方米，正脊通高约16米。整座建筑雄伟庄重，底层灰色石米外墙，给人花岗岩基座的稳重感觉，第二、三层为红砖墙，柱子为深红色仿木形式。正面三层基座，由对称"之"字形楼梯相连接，楼梯栏干取清式风格；第三层前出抱厦一间，卷棚顶，额枋的装饰彩画在色彩与形式上与清宫廷形式非常相似。逸仙堂为单檐歇山顶，与真正的传统大屋顶没什么两样，但在檐下没有出现斗拱，而是以钢筋混凝土材料的出挑构件代替，水泥构件的外端均有"中山"字样。每个挑檐均分布吻兽、垂兽、走兽及蹲兽，在屋顶四角还各挂有一只铜铎，显得古典雅致。在屋顶的檐下，架设混凝土仿原木状的超长大梁，于四个转角处交叉叠压，似乎不经意地外露出两根不加修饰的梁头。屋顶覆以宝蓝色琉璃瓦，这种建筑风格与著名建筑师吕彦直设计的南京中山陵和广州中山纪念堂所确立中山纪念建筑的风格相一致。

寿屏堂、皓东堂、鹤龄堂、哲生堂四座建筑基本一样，呈四角对称，都是七开间二层建筑，建筑简单大方，符合作为教室的使用功能，屋顶均为单檐歇山顶，与逸仙堂一样以钢筋混凝土材料的出挑构件代替传统的斗拱，水泥构件的外端也均有"中山"字样。屋顶呈曲面，产生举架效果，檐角有明显起翘，屋顶的装饰部件也采用传统的形式。在屋身、骑廊围栏方面大量运用中国传统建筑符号，正面墙体刷成浅黄色，与屋顶的绿色相配，色彩明快醒目。

中山纪念中学民国建筑群主体建筑四周都是大草坪，背倚犁头尖山，红墙绿瓦的建筑群掩映于绿树丛中，形成古朴典雅的校园风格。

1935年4月29日，总理故乡纪念学校校董会议在南京召开，图为孙科和与会者合影。前排中孙科、左二钟荣光、后排中戴恩赛（孙中山女婿）。

中山纪念中学校门

寿屏堂，为纪念孙中山长兄孙眉（号寿屏）而命名。

慕贞堂，为纪念孙中山元配夫人卢慕贞而命名。

哲生堂，为纪念创校人孙科（号哲生）而命名。

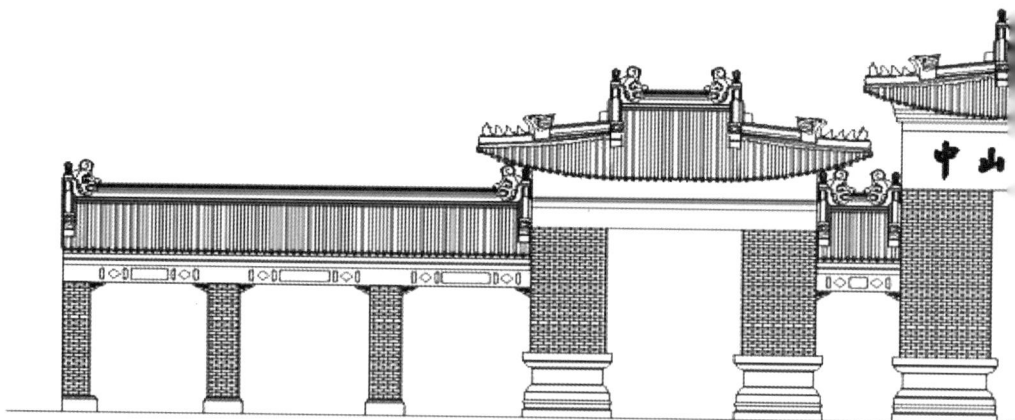

中山纪念中学校门立面示意图 （中山市规划设计院测绘）

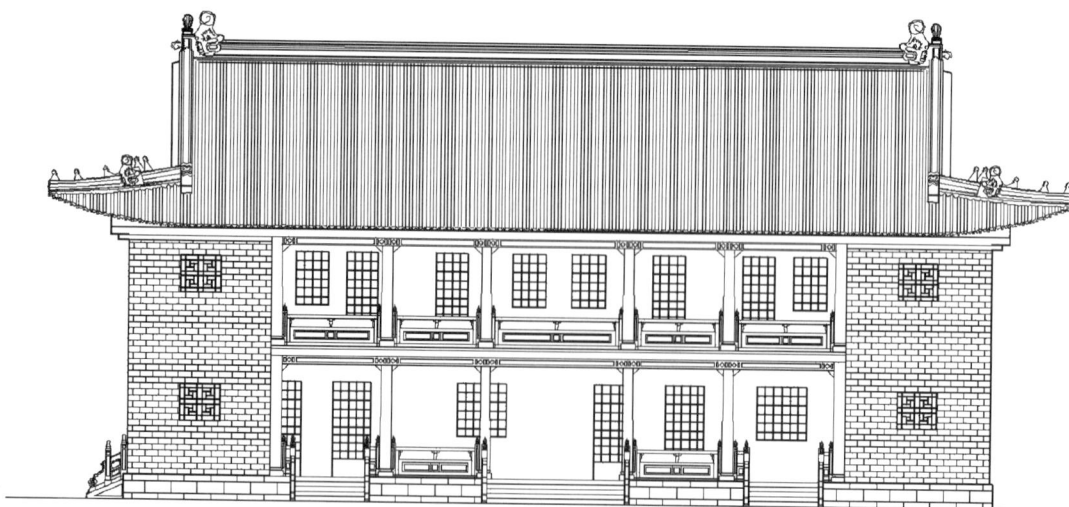

中山纪念中学寿屏堂立面示意图 （中山市规划设计院测绘）

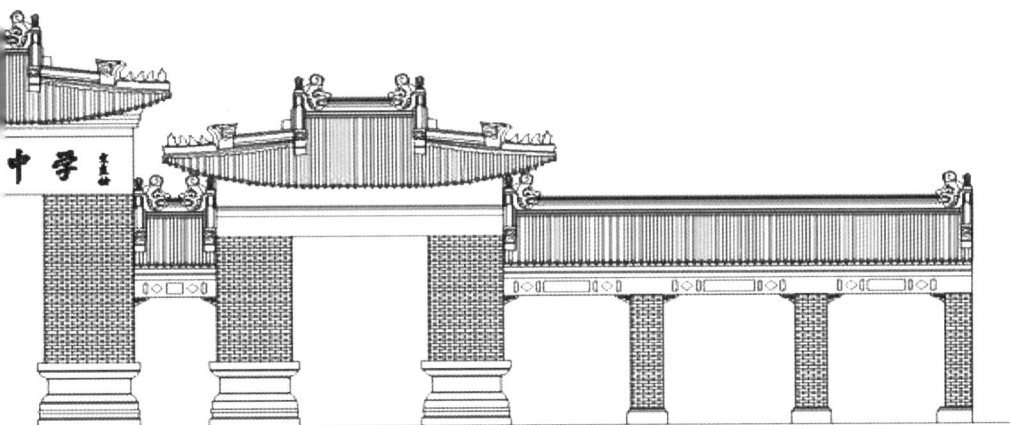

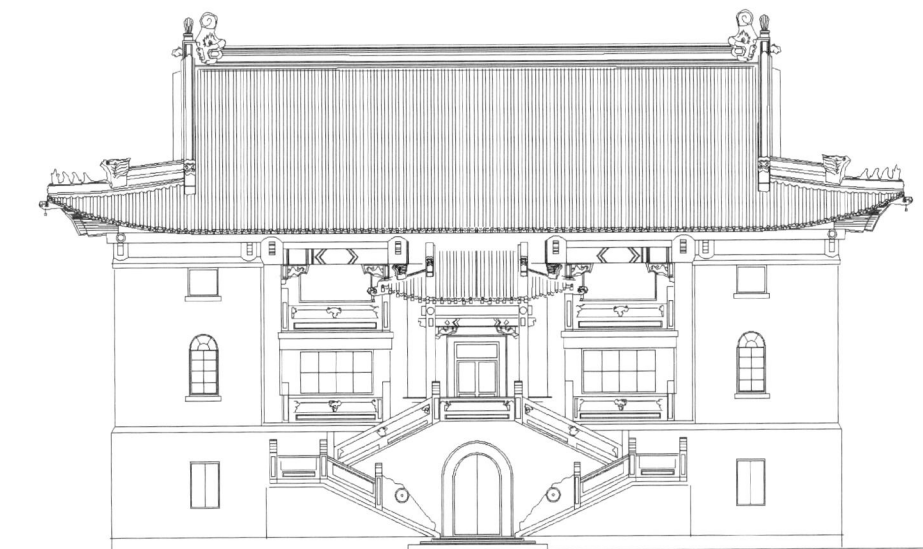

中山纪念中学逸仙堂立面示意图 （中山市规划设计院测绘）

逸仙堂

逸仙堂挑檐

1936年11月29日，孙科所立的逸仙堂奠基石。

逸仙堂建筑极富传统特色

建筑装饰

　　翠亨村历史建筑中运用了大量的富有岭南特色的彩画、木雕、砖雕、灰塑、石雕等装饰工艺，题材、形式都不拘一格，既有传统吉祥图案和历史故事，也有大量内容与色彩都有异于传统的富西洋情调的花纹与图案，充分反映了岭南地区建筑匠人高超的技术工艺与充沛的艺术创造力。

　　灰塑：灰塑是闽粤一带建筑常用的装饰工艺手法。灰塑工艺一般是用铁丝、铁钉或细木条为骨架，然后敷上灰泥成型，再描涂颜色而成。这种灰泥制作工艺复杂，先用海边贝壳烧制成的贝灰渗入黏土，加适量的稻草和麻皮粉或海菜、麻丝等材料，化成灰粉，经漂洗、过滤、沉淀，反复多次，有时还加入糯米浆及红糖等，最后才制成灰塑用的高质量灰泥。用这样的灰泥制作出来的灰塑不怕风吹雨打，历经百年仍然风华宛在。

　　灰塑容易成形、易于修改、成本低廉而又立体感强、色彩艳丽丰富，因而在建筑装饰中的应用十分广泛，从山花、墀头、门楣、窗楣、山墙都可见各色精美的灰塑。灰塑的内容传统以瑞兽、花鸟、山水、人物为多，多带有吉祥含义；近代以来，也出现一些用灰塑手法塑造西洋装饰元素的例子。在翠亨的历史建筑中，灰塑是最常使用装饰工艺。

灰塑·杨心如故居

灰塑·杨翰香堂（杨殷故居）

灰塑·冯宅

灰塑·陆家旧宅

彩画：翠亨民居的外檐下、室内墙楣往往会采用彩画装饰，这些彩画多数以山水、花鸟、人物、传说故事等为题材，或取吉祥的寓义，或传达忠孝仁义等传统道德文化，多属传统国画风格，但用色大胆，以浓艳偏多，辅以诗词书法，颇富装饰效果。翠亨民居中尚存多幅晚清时所绘的檐下彩画，构图、用笔、设色不囿旧规，别有村野风韵。

"梅堂富贵"彩画（光绪二十年李云志绘）

花鸟彩画·杨贞义堂

山水彩画(光绪二十年李云志绘)

"有事西畴"彩画·杨贞义堂

"罗浮待梦"彩画·杨贞义堂

木雕：木雕也是翠亨民居中广泛使用的装饰手法，综合运用平面雕、浮雕、镂空雕等手法，屋檐下的封檐板、屋内的隔扇屏风、花罩、花窗、神龛、梁架甚至家具等都是精美的木雕作品，这些木雕的花纹图案题材广泛，有花鸟虫鱼、传统的戏曲、神话、历史故事等，多取吉祥的寓义，雕刻细腻传神。

隔扇木雕·杨翰香堂（杨殷故居）

隔扇木雕·孙中山故居

脚门木雕·民宅

脚门木雕·杨翰香堂（杨殷故居）

木雕连楹·杨翰香堂（杨殷故居）

木雕连楹·杨启怀宅

神龛木雕局部·杨翰香堂（杨殷故居）

神龛木雕局部·孙中山故居

桂宇芝香仁壽鏡

神龛木雕局部·杨翰香堂（杨殷故居）

砖雕：砖雕也是传统建筑中所常用的，常常见于建筑的墀头及室内的门官龛，具有朴素、清雅的格调，形态生动，不同于木雕的温朴面貌、石雕的笨重凿刻。

砖雕·杨启怀宅

石雕：坚实而耐风化的石材在翠亨建筑中也经常使用，那些井圈、抱鼓石、石狮、斗拱、门框、对联、柱础、墊台、塑像等用石雕成的建筑构件，刀法浑朴自然、线条流畅、形态写意，兼具实用与装饰的双重功能。

石雕·杨兼善祠

石雕·杨兼善祠

石雕·杨启怀宅

信仰与民俗

信仰

　　华南的传统乡村是一个"满天神佛"的世界，北帝、天后、金花、武侯、八仙、观音……，各式各样；家中门官、灶君、财神……，形形色色；佛教、道教、基督教、天主教，各有其信徒。这种满天神佛的信仰状况与各种各样的庙宇不但是乡村历史变迁的见证，也反映着村民们的精神世界和对历史与社会的想象。

翠亨村村庙北极殿遗址，该庙已于1970年左右拆除。

北极殿旧貌

北极殿神像旧貌

珠江三角洲几乎每一条乡村都会有村庙和村神，村民相信村神是整条村子的保护神。翠亨村也不例外，从翠亨村东面村口"祥钟泰岱"闸门进村，迎面的第一座建筑，就是翠亨村的村庙是北极殿，村民往往也称之为"祖庙"，这座始建于清康熙年间的庙宇和当地乡村的大部分村庙一样，是一座青砖墙、硬山顶、两进三开间的建筑，殿中供奉翠亨村的村神北帝以及天后娘娘、金花夫人这三位珠江三角洲信仰最普遍的神祇。

顾名思义，北极殿中的主神是北帝，北帝在文献中又称北极、玄武、真武、北方真武玄天上帝等，在华南一般称为"北帝"或"上帝"。北帝的信仰本来起源于星宿，经过长期的演变被吸纳入道教的神仙系统，到明代的时候，北帝被认为是明朝的守护神而列入国家祀典，北帝的信仰进一步普及。有研究指出，北帝信仰在明代以后成为珠江三角洲地区的重要民间信仰，是当时正统文化向地域社会渗透的重要结果，在地方社会所崇拜的北帝，就是那个高高在上又遥不可及的皇帝和王朝统治的象征，表现出地方社会对中央王朝统治的服从和认同，是地方社会纳入王朝的正统架构之中的一种重要文化表现。不过普通的村民未必都有这种清晰的感觉，甚至这些神是道教、佛教还是属于什么宗教都分不清楚，只是一律统称为"菩萨"。北帝、天后、金花娘娘对于他们来说，最重要的是能够保佑风调雨顺、合村上下老少平安，这在《三修翠亨村祖庙碑记》中说得明明白白：重修北极殿及供奉诸神灵，是希望"宝剑宏挥，妖邪悉伏，灵旗点指，魑魅胥潜。海晏河清，利涉群占乎坎德；育婴保赤，资生咸赖乎坤元。"

据《三修翠亨村祖庙碑记》记载，咸丰六年（1856）年重修村庙时，才"位则兼设乎天后，神则并祀乎金花。"天后在当地又称天妃、"娘妈"，是沿海地区普遍信仰的海神，翠亨村濒临珠江口，附近村落多有天后庙供奉天后，即重修北极殿碑记所称"吾粤滨临大海，如天妃、洪圣、北帝，凡权尊水族者，庙祀尤虔。"而村中的侨眷也祈求天后给予飘洋过海谋生的家人以庇佑。"多子多福，子孙满堂"是过去中国人传统的文化心态和追求，为了祈求子嗣传宗接代，负责送子及保佑产妇顺利生产的金花夫人便得到广泛的信奉。

北极殿在翠亨村民的生活中，有着重要的意义。通过北帝，在翠亨村里生活的人的身份进行了划分。在翠亨村里只有加入村庙的才算是"翠亨人"，才能获得"村民"的身份，享有"村民"的权利，才能受到村神北帝的庇佑。翠亨新出生的男孩，也要缴交"户丁银"给村庙，才算是入了庙，成为"翠亨人"。为了孩子得到北帝的保佑，健康成长，往往还会和北帝"上契"，因此过去翠亨村民的小名里，往往都有一个"帝"字。邓慕韩在1930年发表的《总理故乡调查纪要》中就曾记载，翠亨村"习俗信神，其乡有北帝庙，多以儿女契之，故呼时多加帝字于其上。"孙中山的小名就是孙帝象，还有冯帝爽、杨帝贺、苏帝新、杨帝荣、冯帝文……等等，这些都是北帝的"契仔"（干儿子）。正如邱捷教授指出的，北帝是列入祀典的正神，但民间却可随意同他沾上亲故，乡民不论贫富，只要经过一些仪式，自己的小孩便可成为"帝子"，且可堂而皇之地刻入祖庙碑记，这其实是与国家正统的观念相违背的。上契的神祇除了北帝之外，还有社神、观音、天后等。如果和社神"上契"的村民，名字中往往会有一个"社"字；和观音"上契"的村民，名字中就往往会有一个"观"字，如冯观爽、冯观吐、杨观乐、杨观恩、孙观成等等；而和天后上契的村民，名字中就往往会有一个"天"字，如陆天培、陆天祥等。

而那些迁居翠亨时间不长的村民或世代为奴仆的"下户"，都不能加入村庙。据村中人说，所谓"下户"（世仆），多数是富有人家买来的奴仆，村中红白事、下等工都要做，如果无子嗣的村民去世，下户要充当孝子。下户只能和下户通婚，下户的妇女很老都不能叫阿婆，只能叫阿嫂。如果没有赎回卖身契据的话，就要世代为奴。下户虽不能入村庙，成为"翠亨人"，但是在村庙重修时有所奉献却是无妨的，在翠亨村祖庙北极殿1828、1856、1896年三次重修的碑记中都可以找到下户捐款的记录。

村人遇到大小事情都会到庙中求神问卜，家家户户每逢初一、十五以及神诞、节日都需到庙中上香，村民出外谋生要求北帝保佑顺利，在外回乡也要首先到庙中答谢神恩。清同治十年（1871），孙中山长兄孙眉因家贫拟外出谋生，到底是去上海还是檀香山，踌躇难定，就曾在北帝神像前问卜，根据卜出的结果而决定前往檀香山。

在村民心中，不管在村中居住还是出洋谋生，只要是翠亨村民，村神北帝都神恩普照，无远弗届。1939年抗日战争期间，侨居檀香山的乡人冯玉棠寄回翠亨的家信中便谈道："近日邑中战事紧张，侄在外于报章上已获知大概，所幸本乡得脱被殃及，亦托赖欣幸，藉赖上帝祖庙神灵庇佑，保我梓里内外心安。" 1947年12月10日，华侨杨观乐致信回乡，信中也提

1948年1月，檀香山华侨杨观乐致杨贺夫人谭氏的信函。

1939年，檀香山华侨冯玉棠致杨贺信函。

杨观乐致杨贺信函信封

到：汇回翠亨村的救济款，"将银买猪，每户口生猪三磅，金猪肉（即烧猪肉）一斤，除去买猪之项，到日在祖庙上帝酬答神恩，佑我旅檀内外平安之乐也。"

虔诚地信奉北帝这个村落保护神的翠亨村民，每年神诞都会向北帝奉上丰富的祭品。据说村庙拥有一百多亩稻田收租，又有华侨和村民的捐助，庙产甚丰。村庙由村中大族的代表担任值理，村中大事也往往在村庙集中商议，北极殿及其值理们某种程度上负责着村中事务的管理。全村的村民都有捐款维修村庙的"义务"，从每次维修村庙时的捐款情况就可见各村民的家境和各族的经济实力，以及与之相应的在村中的地位。村落的社区关系通过共同祭祀村庙进行整合及维系，北极殿也成为村内不同群体在同一空间里展示实力及确立地位的舞台。

翠亨村民信奉的庙宇并不限于翠亨村之内，附近南蓢墟南蓢祖庙供奉的也是北帝，南蓢祖庙是南蓢各乡集资建造和供奉的，翠亨村也在其祭祀圈之内，在南蓢祖庙保存下来的两块重修碑记中，也能找到许多翠亨村民的名字。

在翠亨村大概3公里之外的崖口平山村昔日有一座佛教的寺院飞来寺（解放初已拆毁），这座寺院是翠亨附近唯一能在县志中找到记载的庙宇，同治《香山县志》卷九"古迹·寺观"篇记载：

飞来寺，在大字都平山村，祀六祖大鉴禅师，相传金身三迁而后飞至，原像为邑绅留城北十王庵，此再塑也，附近有旱患凶饥必现神火。嘉庆六年重修，同治七年重修增筑奎阁、观音阁在寺左。

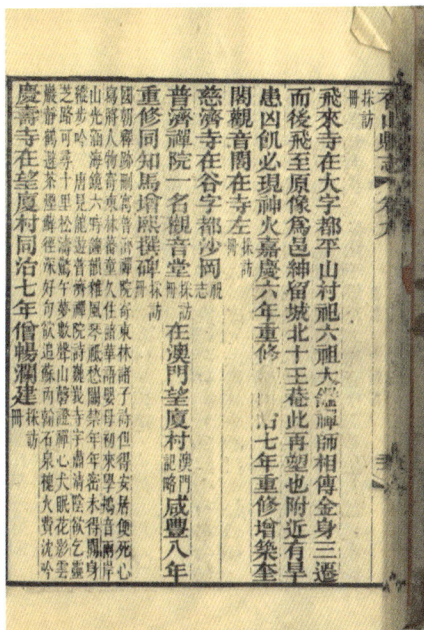

同治《香山县志》关于平山飞来寺的记载
（中山市档案馆提供）

飞来寺是一座三进三开间的大寺院，周边还有一些副屋。据平山村民的回忆，庙宇第一进供奉六祖慧能，第二进供奉如来佛，第三进则供奉地藏王和"庵祖师"，第三进是两层建筑，二楼还有观音阁、魁星阁、客堂等。飞来寺并不仅属于崖口平山村，而是附近十八乡的村民都"有份"，十八乡的村民都会到庙中参拜，当中也包括翠亨乡。

而隔田陆家村供奉八仙的道教庙宇瑶灵洞，也是翠亨村民会去拜祭的庙宇，村民都相信瑶灵洞的神仙"择日"（就是为了办某事而去求神选择一个吉利的日子）特别灵验，村民们回忆说：

> 八仙是很灵的，远近村落的人都会到八仙庙（即瑶灵洞）"择日"。以前庙里有一老一少两个庙祝，那个年轻的会八大仙上身"扶箕"，写出来的字没人认识，只有那个老庙祝认识。八仙择出来的日子经常都不是"好日"（意思是说和通书上所讲的不一样，如某人想建新居，八仙选了初五，但通书上却注明初五该天"不宜动土"），但是大家就是相信他，认为八仙有办法破解。

翠亨村毗邻港澳，又是侨乡，翠亨村村民不乏信仰基督教和天主教者。至于基督教和天主教何时开始传入翠亨村，则难以确知了。翠亨村民与澳门关系可以追溯到鸦片战争以前更早的时候，澳门林立的天主教堂也许是乡人对这些西方宗教最早的认识。清代后期，天主教和基督教教士在香山传教活动甚为活跃，并建筑多间教堂。附近的石门乡据说在民国初年尚有教堂，但翠亨村中并无教堂之类的建筑，现在只能从零星的文献中去了解一些片断。据《檀山华侨》第一集"华侨信仰"篇的记载，檀香山华侨在18世纪中叶信奉基督教者已甚多，至1879年成立华人福音堂。华侨子弟也有不少入读当地教会所办的学校。1879年随母到檀香山长兄孙眉处生活和求学的孙中山，便入读英国圣公会于1862年10月创办的意奥兰尼学校（Iolani College），该校是檀香山各外国人所办之学校中，与华侨关系最密切之学校。在意奥兰尼学校中，圣经是学生的必修课，早晚要在学校教堂中祈祷，每星期天要到火奴鲁鲁的教堂做礼拜，在如此浓厚的宗教气氛下，"这些年轻的中国人便被吸引到基督教里去了"，孙中山对基督教的兴趣也由此萌发。稍后转读的奥阿厚书院，是美国公理会创立的教会学校，学生大部分是"同夏威夷福音会（公理会教友和长老会教徒）有关系的传教士子女"。不过，基督教未必被传统的中国人所接受。当孙中山向大哥提出希望加入基督教的意愿时，却受到强烈的反对。孙眉的强烈反应，从他的角度出发也只是维护传统和疼爱幼弟的行为，陈少白曾回忆："当时孙中山先生的哥哥，很反对耶稣教——他的反对，并不是有什么理由，不过他以为只有中国的教化最好，除了中国的教化以外，无论什么教，都是不正派，都要反对的。"孙中山也说：大哥之所以反对自己入教，是因为"恐文进教为亲督责"。孙中山于是被大哥送回了故乡翠亨村。1883年底，孙中山在纲纪慎会牧师

1919年古湘勤致孙智兴函，嘱其转交予孙中山家教堂之用的款项。

喜嘉理的主持下在香港受洗加入基督教。在孙中山的影响下，同村好友陆皓东也相随入教，在教会保存的受洗名单中，孙中山和陆皓东分别以"孙日新"和"陆中桂"的名字登记。喜嘉理牧师曾撰文回忆，1884年，他曾和一个英国朋友随孙中山经澳门到翠亨村，此行准备教会福音书若干，沿途分售，劝友人入教，并在翠亨村小住数日。当时还年少的陆天祥也记得，"孙中山读大学时，这里也有几个传教士，是从澳门上来的，沿途传教，派福音书，到翠亨祠堂门口等站着宣传。有一次陆皓东招呼他在家中过夜。"不过这些外来的宗教并不是传统的乡村民众容易理解的事。孙中山的元配夫人卢慕贞曾对梁寒操回忆：孙中山在20多岁时，天天晚上在房间里跪下来祷告。卢夫人"当时还不信有上帝，看他像傻瓜一样"。宗教是心灵慰藉和平衡的避难所， 1915年，与孙中山协议离婚后的卢慕贞在澳门受洗信奉基督教，并于1924年被选为澳门基督教浸信会会佐。卢慕贞后来成为虔诚的教徒，现在许多乡亲及曾经接触过卢夫人的老人都回忆，

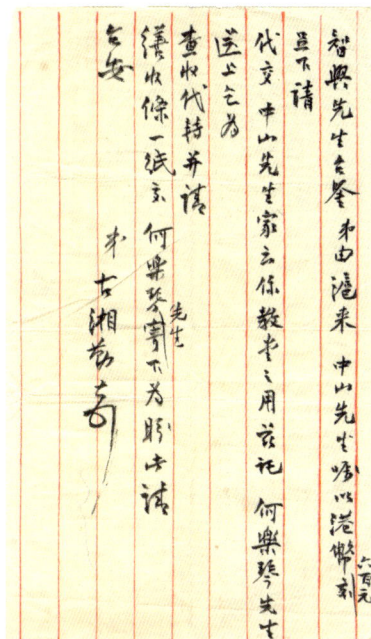

1919年，卢夫人委托澳门基督教浸信会主持，把翠亨村村校改为培正分校，设于翠亨村兰桂陆公祠。图为翠亨培正分校师生欢迎澳门布道团摄影。

孙中山元配夫人卢慕贞去世后安葬澳门旧西洋坟场时摄影　（孙必达提供）

卢夫人每回到翠亨村，都喜欢宣扬福音，同村民"讲道理"。在卢慕贞的影响下，孙眉夫人谭氏、孙昌、孙婉、戴恩赛等孙家亲属均加入基督教。有趣的是，战后曾和卢慕贞同住的一位孙家世交后人告诉笔者，卢夫人每天晚上睡觉之前都会祈祷，有一段时间必有的祈祷内容是"上帝保佑我明天中马票"。在保佑世人的角度上，对于卢慕贞来说，也许基督教的上帝与翠亨北极殿供奉的玄天上帝并无两样。

1919年，卢慕贞委托澳门基督教浸信会主持，

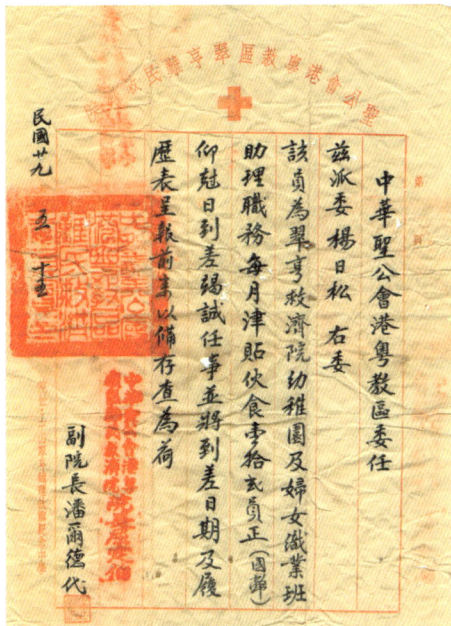

1940年5月，中华圣公会港粤教区给翠亨村民杨日松的委任书。

把设于翠亨陆家祠的村校改为培正分校，由嘉理慰牧师管理。翠亨村人称"杨伯母"的"革命母亲"谭杏也是基督徒，据她的女儿、曾在翠亨培正分校就读的杨日松回忆：当时培正学校的课程，除了语文、算术、自然、修身、体育……等之外，还有耶稣、福音、童军等。杨日松和妹妹杨日增、杨日芳入学之后分别取了杨主恩、杨主意、杨主德的学名。翠亨《杨氏家谱》记载，杨启文的儿子杨锡泉、杨锡璋葬香港基督教会坟场，杨天保夫人冯氏葬澳门基督教西洋坟场，杨锡坤及夫人戴氏、苏氏葬珠海前山吴公坑基督教会坟场……，这些村民也很可能是基督教徒。1949年5月13日，杨观乐致杨贺夫人谭氏的信函中，曾提到："程氏神位，生辰死忌不用宝烛饳果，临终之时入了天主教福音，……点琉璃神灯便合，无容多做。"从中亦可见传统民俗面对西方宗教时的自我调整。这样的内容在翠亨华侨的书信中多次出现。抗战期间的1938年12月1日，中华圣公会港粤教区翠亨难民救济院在翠亨村总理故乡纪念中学校设立，由屈定伯牧师担任院长，翠亨村士绅杨灿文担任秘书兼总务。翠

抗战期间的1938年，中华圣公会港粤教区在总理故乡纪念中学校设立翠亨难民救济院。图为难民接受救济院派发食品后摄影。

中华圣公会港粤教区翠亨救济院给杨东的翠亨乡民出入证

亨难民救济院附设小学、幼稚园和医院，前后共收容难民2287人，其中包括翠亨难民26人。附设小学及幼稚园目的在于"以强迫制度授予相当教育，养成将来有用良民。"课程主要是圣经课，有很多教会的活动，派有牧师黄福平、麦彼得以及男女传道潘兼三、郑泳思等布道，先后入教者有百多人。附设医院由澳籍著名医师柯柏勒主理，先后收容就医的达6200多人，留医病人700余人，其中被炸伤及被日军机关枪射伤的70多人。医院还提供防疫服务，接受防疫针注射的有1700多人，各乡接受赠种洋痘达4300多人。

翠亨村和其他乡村一样，村前村后还有社坛，供奉社神。社坛一般设在村落主要出入道路的旁边，以镇守村门，阻挡那些可能会影响村民的"游魂野鬼"进村。

在村民的家中，也是"满天神佛"。民居的门外会有土地神。民宅两扇大门上往往左右写上"神荼"、"郁垒"或"文丞"、"武尉"等字样。"神荼"、"郁垒"据东汉应劭的《风俗通》中引《黄帝书》说，神荼和郁垒原本是黄帝手下的大将，常在度朔山章桃树下检阅百鬼，对于无理害人的恶鬼，就用草绳把它捆起给白虎吃。当黄帝得道成仙后，手下的两名大将听说也入主神界，日后百姓将他们视为捉鬼神差，将他们一同绘在门上，以保家宅平安。而"文丞"、"武尉"则指唐代的秦琼与尉迟恭。据《三教源流搜神大全》记：唐太宗李世民即位后，夜间梦寐不宁，多做恶梦，常见崇魔在寝殿内外抛砖扔瓦，鬼魅呼叫，于是召众将群臣商议。众将提出让元帅秦琼与大将军尉迟恭二人每夜披甲持械守卫于宫门两旁。当夜，果然无事，太宗和朝廷上下文武官员齐声喝彩。然久而久之，太宗念秦琼、尉迟恭二将日夜辛劳，便让宫中画匠绘制二将之戎装像，怒目发威，手持鞭锏，悬挂于宫门两旁，此后邪崇全消。后世沿袭此法，遂将二将做门神，而使他们在民间得以成为流传最广、威望最高、贫富皆爱的门神，至今长盛不衰。

近代以来，民居大门上张贴门神的位置已经不再局限于书写"神荼"、"郁垒"或"文丞"、"武尉"等字样，在当今村中民居还可以看到两扇大门分别写着"长乐"、"永康"，甚至"民权"、"发达"，"自力"、"更生"等颇富时代色彩的内容。

走进民居大门，就会看见门内左侧或右侧往往会有一个小小的神龛，

厨房往往会供奉灶神

民居内的门官龛，一般设在大门内的左侧或右侧。

村民在民居大门上的"神荼"、"郁垒"，代表门神。

供奉"门官"，门官龛一般上挂"旺相堂"横匾，左右挂有对联，中贴红纸，写上"本宅门官、土地福德正神"等字样，保佑家宅平安兴旺。农历正月十九是传统的门官诞，这一天，村民会在供奉门官的神龛摆放祭品，还会焚烧纸制的"门官衣"以表虔诚。民居的正厅正中往往会有一个两层的神龛，神龛是祭祖敬神的地方，各家因应自己的经济实力尽量建造精美的神楼，所以进屋抬头看看神龛的大小与工艺是否考究，就大概可以看出这个家庭的经济状况了。按当地的传统，神龛一般上层供奉观音，下层供奉祖先的牌位。神龛要时时保持清洁，每逢初一、十五，都要给神龛上香。正厅条案之下，贴有一张上书"五方五土龙神、本宅地主财神"的红纸，代表供奉的龙神和财神。在厨房中则供奉灶君，据说各家各户供奉的灶君是天上玉皇派来人间的，是监督人间善恶之神，而每年的腊月廿四日均要返天宫向玉帝禀告人间之事，因此人间的凡人便在灶君上天之日，设宴送行。乡村一年里的神诞多不胜数，玉皇诞、文昌诞、六祖诞、天后诞、观音诞……虔诚者会每天在屋内所有香炉都上香，每逢初一、十五或神诞，除烧香外还烧元宝衣纸之类，烟火更大，固然充满迷信色彩，但据说在客观上也起了烟熏防虫作用。

孙中山先生在《实业计划》中谈及"居室工业"时指出：

> 中国人建筑居室，所以为死者计过于为生者计，屋主先谋祖先神
> 龛之所，是以安置于屋室中央，其他一切部分皆不及。……除祖先神
> 龛之外，须安设许多家神之龛位。凡此一切神事，皆较人事更为重
> 要，须先谋及之。

孙中山的看法未始不受早年对家乡风俗观察的影响。

岁时节令

世人都生活在周期性的时空转换之中，在特定的具有象征意义的时间
里进行各种仪式和民俗活动。村民通过农历一年中的岁时节日及神诞调整
生活节奏和人与人、人与神的关系，表达内心的情感，也使日复一日的生
活更绚丽多彩。

华南乡村的岁时习俗，大概都是比较相近的，但"各处乡村各处
例"，翠亨村的岁时习俗，也保留了一些古老的传统和地方特色。

春节既是农历一年的开始，也是农村里一年最重要的节日。一般在
外地做工的村民在腊月十五以前回到家中。腊月二十二，村民就要"酬
神"，家家户户携带鱼和烧猪等祭品到村庙北极殿上香，酬谢神灵对家
人一年的保佑。酬神之后，村民会在北极殿分猪肉，分别带回家里享
用。一些在村里做杂工的外村人也可以分到"太平猪"。腊月二十三
祭灶神，祭品中一定会有片糖，以让灶神上天汇报时，多讲"甜言蜜
语"。在春节之前，村民便须先"扫屋"，就是全屋搞一次彻底的清
洁，洒扫庭除，尤其重要的是每年一度"洗菩萨"，把屋内供奉、经过
一年香烛熏染的神像用浸有柚子叶的清水清洗，让菩萨也可以干干净
净过个新年，这天一般会在农历腊月二十八日，俗称"年廿八，洗邋
遢"。这天还要到村庙祭拜，到四个村口祭社神和土地神。男人一般在
腊月二十八日前理发，正月期间一般不理发。接着便要"办年货"，采
购春节所需的新衣服、食品、糖果等物品，还要请善书法者写"挥春"

（春联）及各种吉利语，贴在家门口及屋内。妇女们开始忙着"炊年糕"了，年糕一般由黄糖和糯米粉做成，每年炊的最大的一笼，要供在厅堂中央神案的前面，年糕上还要放上橘子和利市（红包），祈求来年步步高升，大吉大利。"煎堆"这种圆圆的油炸点心也是必不可少的，所谓"年晚煎堆，人有我有"，也取"煎堆碌碌，金银满屋"的好意头。大年三十除夕夜，就全家团聚吃团圆饭，即使在外工作的家人都会赶回家中"团年"。正月初一当天，家家户户都要放鞭炮"接年"，邻里之间互相"拜年"，小孩子到处"逗利是"（讨红包），早上还要到村庙拜神许愿。这天一般不准扫地等清洁活动，以免把财气、福气都扫走了。正如同治《香山县志》卷五"舆地·风俗"所称："元日（即正月初一），拜年，烧爆竹，禁洒扫。"一般大年初一这一天村民也有吃素的习惯，据说初一这一天吃素就等于全年都吃了素，可以积德云云。其实很可能是因为前一天年三十晚上吃得太肥腻了，所以这天要吃得清淡些。大年初二，俗称"开年"，各家各户及商店、食肆多在开市前的

1925年，翠亨村民在祖庙北极殿春社"安福"的景象。

这天祭拜财神，祈求来年财源广进，生意顺利。村民携妻带子到外家（妻子的娘家）拜年，直至晚饭后才回家。初三俗称"赤口"，据说这天容易与人发生争吵，所以一般这天是不会出外拜年，以免发生口角。

立春之后，村民便要到村庙"安福"，就是在神前许愿，希望来年风调雨顺、出入平安、身体健康之类，如果菩萨保佑，年底一定烧猪"酬神"等等。

晋人董勋《问礼俗》中称："正月一日为鸡，二日为狗，三日为猪，四日为羊，五日为牛，六日为马，七日为人。"所以正月初七俗称"人日"，据说这一天是天下所有人的生日。这天也是翠亨村各族的"灯节"，在上一年添了男丁的家庭就会扎制花灯到本族祠堂及家中神龛悬挂，称为"挂灯"或"开灯"。同时在祠堂的族谱上记下男丁的名字，这名男孩便正式成为族中的一员，春秋两祭及举行各种仪礼后就有资格分得一份"太公猪肉"。挂灯的家庭还会在这天宴请亲朋饮"灯酒"，共庆添丁之喜。"灯节"之后一个月左右，就会把花灯取下烧掉，称为"结灯"。这种开灯的习俗在香山当地十分普遍，但各村举行时间略有不同，即同治《香山县志》所称："正月灯节，添丁者挂花灯于祠，以酒、脯祀，其先曰开灯，亦曰挂灯；约俟清明，则焚之，曰结灯。"

正月十三附近竹头园村华光庙举行神诞活动，翠亨也有村民会去添香油、焚香礼拜，当地传说华光菩萨是北帝的舅舅，这种传说当然与文献记载不符，背后反映的却是村落之间的关系。

元宵节是翠亨村一年中最热闹的时候。正月十五清早，全村男女老幼都会去北极殿上香、拜祭和求签。村里人还把各地亲友也约请前来同贺，热闹非常。北极殿中的北帝神像有两尊，一尊是"坐神"，比较高大，坐在正中，脚踏龟蛇，镇守着村庙；旁边的另一尊是"行神"，比较小，坐在神座上。每年元宵节这天村民也会抬着北帝神像（行神），敲锣打鼓，担抬各色旗帜仪仗，又扮成历史人物，在村落四周以及村中主要街道巡游，以求来年全村平安。而每当村里发生蝗灾、虫害等天灾又或者瘟疫等时，村民也会特别请出北帝"行神"，抬着在村中巡游，以求消灾解难。

元宵节晚上，在北极殿前还会举行盛大的"烧花炮"活动，花炮分头炮、二炮、三炮。抢花炮是元宵节晚上的"压轴好戏"。当晚全村老幼集中村庙前面，舞狮及表演武术祝贺后，由村长主持点头炮，花炮射向空中爆

北极殿北帝巡游的头锣旗

开后，头炮中的"炮胆"便会掉下来，哪个村民抢得"炮胆"，这一年全年都会得到北帝的保佑，四季平安。村中的有钱人往往会抢着出重金向抢得"炮胆"的村民购买"炮胆"，供奉在家中神楼上，还要送一些谷米给庙会谢神保佑。二炮、三炮也是一样。此外还有一种称为"男孙炮"，数量不限，只要向北极殿缴纳庙银，经庙祝施行仪式后，就可以请回家供奉。

每年元宵节，翠亨村的海外华侨会组成"天昌会"，凑钱寄回翠亨村认购"会份"，购买若干头猪及其他供品向北帝供奉，祈求北帝保佑在海外谋生者平安顺利，在故乡的家人也身体健康，祭神之后的猪肉就按各自认购的"会份"分配给在翠亨村的亲人和朋友，使神恩均沾。"天昌会"是华侨来往书信中常常谈到的内容，例如檀香山华侨杨观乐致杨贺夫人谭氏的信中就提到1948年的天昌酬神会的筹备以及杨观乐本人会份的分配，"此项猪肉会，历年如事，岁岁如行，赖乡人在外诚心付返敬神，檀埠乡里各赞成入份，共二百零六份，经杨华吏将款寄返值理同人办理，前信有美纸五元，到时买肉谢神之用。我有福肉会做返共八份，列表：维有一份，帝俊一份，玉如母一份，文清母一份，冯兆强一份，杨正国一份，杨东一份，崖口东堡杨有根姑姐一份。"村民也会几户一起组成俗称做"炮会"的组织，"炮会"带有村民互助组织的性质，会员合伙买一头小猪，轮流喂养，到庙会时猪长大了，便杀了到庙里祭神，祭神后的猪肉就由"炮会"各家分吃。有些"炮会"也会凑钱做一套灯挂椅，俾会员轮流搬回家使用。村民自由组合成"炮会"，同一条村中往往会有好几个"炮会"。

春节之后，二月二土地诞，要祭土地社神，全村四周远近共有近十个土地坛，要逐一拜祭，傍晚，50岁以上老年男性村民在村庙北极殿聚餐。清明则是祭祖的重要日子，各族子孙聚在各自的祠堂里祭拜祖先，并到祖先坟墓扫墓，俗称"拜太公"。村民"采三丫苦叶，捣作粉团，蒸熟以荐祖考。"三月廿三是娘妈诞，到村庙拜祭天后。四月初八日浴佛节，村庙浴佛拜神。村民亦会采烟樨树的叶子榨汁和以粉、糖，蒸制烟樨饼应节。烟樨叶香味独特，据说能清热治病。"四月烟樨满路边，拈来治病味香甜。醉看儿辈争番啖，浴佛人传倍闹喧。"这首竹枝词就是描写四月八浴佛、吃烟樨饼的情景。五月初五端午节，用菖蒲和艾草煲水洗澡避邪，饮用雄黄酒，小孩子用朱砂点一点眉心，定惊辟邪。家家门口插菖蒲和艾草，这在当地有一个传说：黄巢起义的时候社会动荡，村民到处逃亡。有一天，附近平山村飞来寺供奉的庵祖师看见一个"姐仔"（谐音，指"妾"）抱着"妈仔"（谐音，指"元配夫人"）生的儿子匆忙逃亡，而把自己生的儿子拉着跑，庵祖师就说你这么好心，其实不用走的，你回家插一支菖蒲在门口，一支菖蒲一口剑，黄巢的军队就会知道你是自己人，就不会去杀你们。这个"姐仔"很好心，不但自己门口插菖蒲，还在村的闸门都插上菖蒲，使全村的人都幸免于难。所以直到现在，端午节前后当地都在家门口插菖蒲以作纪念。这个传说在当地广泛流传，也被收入地方史志书中，有些研究者辨析以为故事所指的黄巢起义不太可能，若是东晋时的孙因、卢循就合理多了。其实指为卢循也不太合理，因为尚未见有可靠的东晋时大量人口在当地聚居形成村落的记载。故事中反映的更可能是当地乡村对明代中期的黄萧养起义的历史记忆，附近上栅村太保庙的碑记中，就有黄萧养起义兵败后经过当地的记载。

端午节还要以粽祀神，香山的粽子与别处不同，一般的粽子都是用粽叶包裹糯米馅料呈三角体状，而香山则用当地的特产植物芦兜的叶子包裹糯米馅料等呈圆柱体状，称为"芦兜粽"，另有一种芦兜叶的清香。五月初六，翠亨村民几乎全村上下都会到附近崖口乡，凑凑当地的"大王公"飘色巡

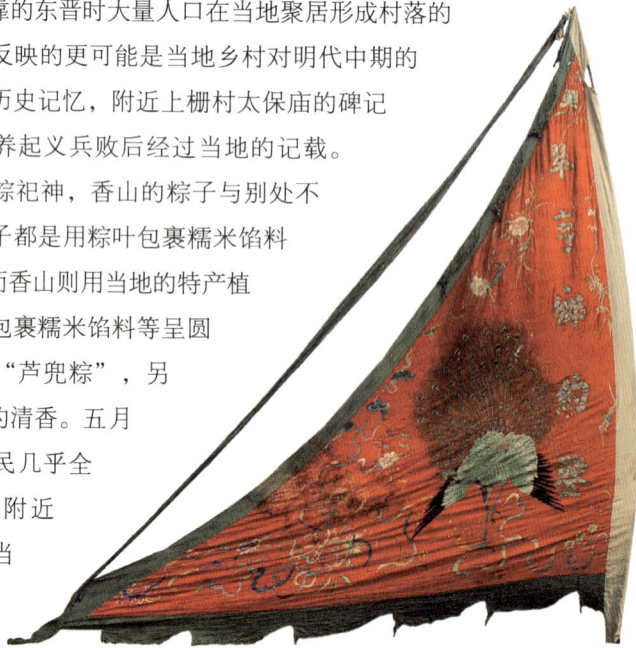

北极殿北帝巡游的三角大旗

（1）

（2）

（3）

（4）

同治《香山县志》卷五"舆地·风俗"篇关于岁时节日的记载　（中山市档案馆提供）

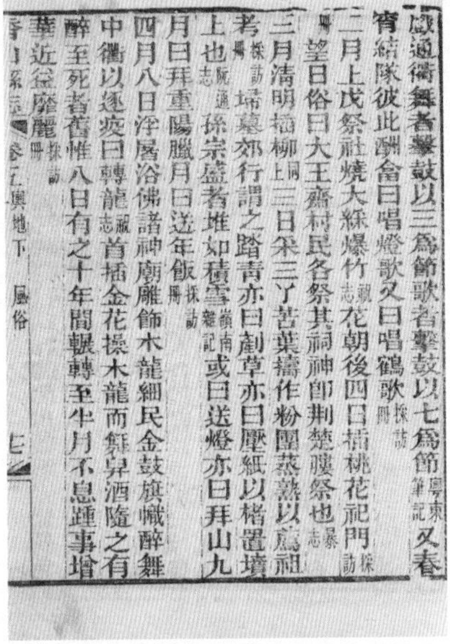

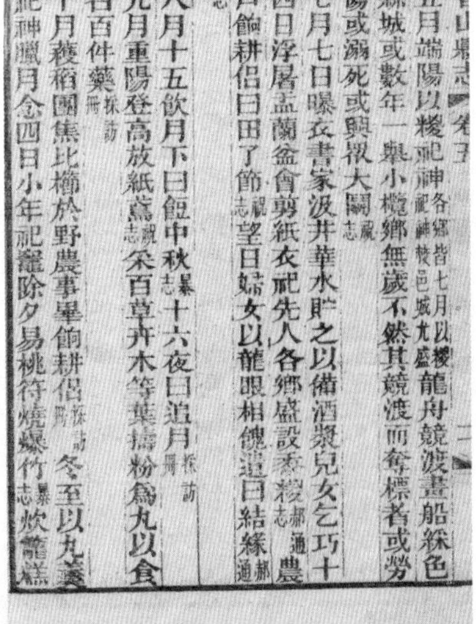

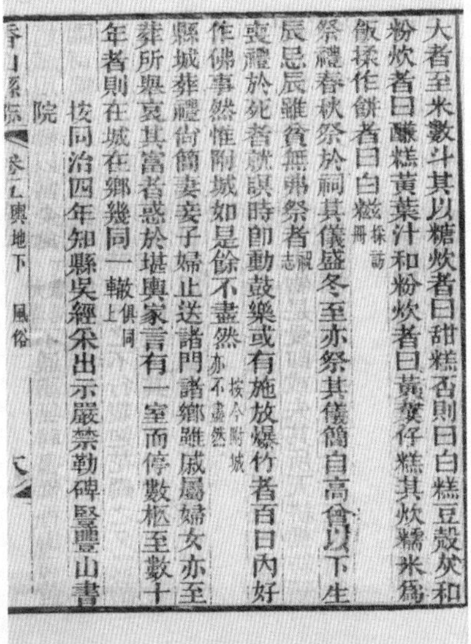

游（俗称"耍菩萨"）的热闹。七月七日是乞巧节，习俗"曝衣书"。这天传说牛郎织女鹊桥相会，村中年轻女子身穿盛装在这一天"拜七姐（即织女）"，祈求觅得如意郎君。她们组成"七姐会"交流女红手工，在这天还把"成果"展示出来，那些用米砌出"冬瓜灯"、细小精致并绣有花纹的"七姐鞋"等等都显示出女儿家的心灵手巧。据说一年之中七月七日这天的泉水特别好，俗称"七娘水"。当地人会买回大冬瓜，切成大块放进装有早上挑回的"七娘水"的坛子中，并把坛子密封起来，一年之后，就成了清热解毒的"冬瓜水"了。七月十四日是盂兰节，村民剪折纸衣焚烧，祭祀先人。出嫁的女儿也要拿着鱼、鸭、果品等礼物回娘家，俗称"担十四"。七月十五则俗称"鬼节"，相传相传农历七月是"鬼月"，七月初一"鬼门关"大开，从七月初一鬼门关开启起，到三十日鬼门关关闭这段日子里，阴间的无主孤魂都会涌到阳间，所以人们纷纷在这时举行各种仪式以超渡孤魂，避免它们为祸社区，又或祈求鬼魂帮助治病和保佑家宅平安。这天村民在傍晚入黑之时，用纸钱、衣纸、香烛、米、豆腐和芽菜等物在家门口外祭祀游魂野鬼，让那些无依的孤魂有衣物御寒，有食物裹腹，俗称"烧街衣"。在盂兰节前几天，村中会邀请主持法事的"喃呒佬"在村外打"盂兰醮"，祭祀安抚游魂。八月十五中秋节，正是农作物丰收的时节，晚上一家团聚于月下，摆放月饼、田螺、柚子、芋头及各种新鲜水果，其乐融融，谓之"赏月"或"拜月光"。小孩子拿着纸扎的灯笼，在村子中玩乐。八月十六夜，继续前一晚的赏月活动，则称为"追月"。当然村中各户贫富有别，应节食品也丰俭由人了。九月初九重阳节，相约登高望远，又寓意"转运"，把"霉运"转为"幸运"，此后事事顺利。立秋之后的第五个戊日，为秋社，为庆祝丰收，有"尝新米"的活动，各族的祠堂会举行秋祭，各家也相应举行家祭，祭祀祖先。到了冬至，晚造的农事告竣，农民一年的辛劳也告一段落，在这段较为闲暇的时间里，就会多弄菜肴庆祝丰收，因此冬至在当地是一个隆重的节日，俗称"冬大过年"，各家的媳妇也要拿着鱼、鸭、果品等礼物回娘家，俗称"担冬"。冬至之后，村里的更馆会祭关帝，村民在这一天重新确定下一年村中更夫的人选，更夫管理的枪支、打更用具之类也进行交接。到了年末，各家各户选个"吉日"，到村庙里"酬神"，答谢菩萨一年来的保佑。这样转眼一年就过去了，各家各户又要准备迎接春节的到来了。

婚姻仪礼

结婚是人生大事，婚礼可以说是标志着一个男子正式成年的社会仪式，从此成家立室，开枝散叶，担负起应有的人生责任与社会义务。

过去的风俗，香山本地人一般很少与客家人通婚。翠亨村是本地人村落，而周围的村落都是客家村，所以翠亨村民往往"舍近求远"，与南朗、崖口、隔田、下栅甚至更远的本地人村落联婚，这点我们在翠亨杨氏、陆氏、孙氏的家谱中都可以很清楚地看到。

翠亨村的婚礼仪式，与广府人的一般结婚仪式似乎并无大异，从陆灿的笔下，可见一斑：

婚礼的程序是相当冗长而认真的。首先，男方的母亲要请媒人去问女方的母亲要女孩的生辰八字。这通常会写在一张红纸上，交给男家一个月。

然后，男方的母亲会请算命先生看看双方的命相是否相配。如果没有不利的迹象，她就请送年庚纸来的人回去问女方母亲，订亲需要多少聘金、礼饼、猪肉和首饰。女方母亲收到聘礼后会送一套衣服给新郎以作回礼。如果双方同意，新郎就带着一顶花轿，连同他自己的年庚纸和彩礼，一起去到新娘的家里。

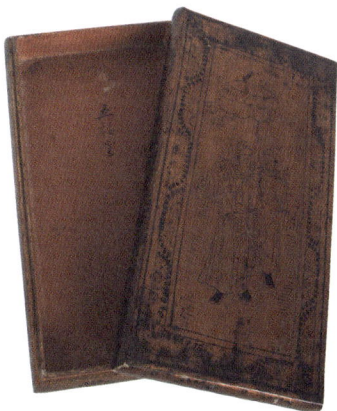

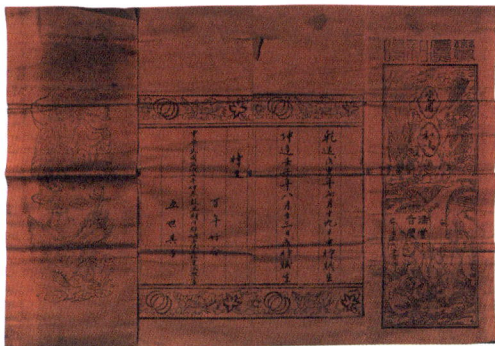

结婚时写有夫妇双方年庚八字的庚书及放置庚书的庚书盒

《婚丧必备》中的"婚嫁"篇，记录了香山筹办婚嫁时的种种具体仪式、备礼、用具等。（中山市档案馆提供）

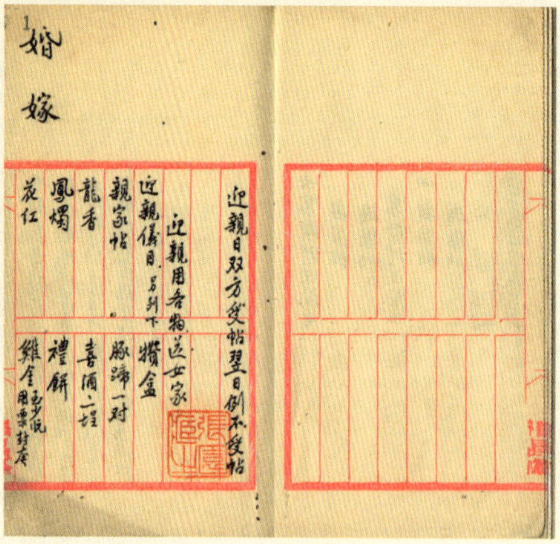

（1）

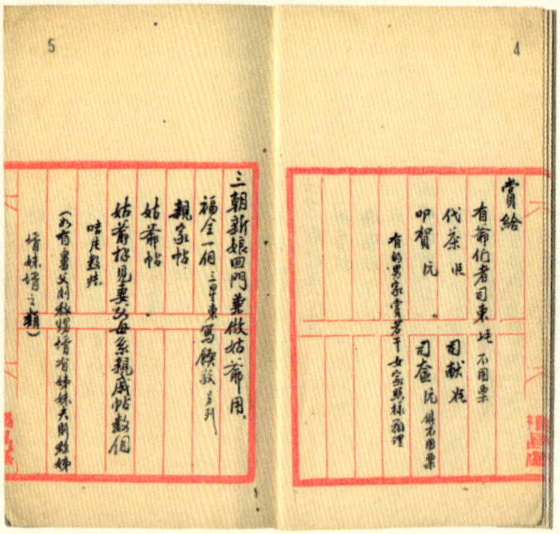

（3）

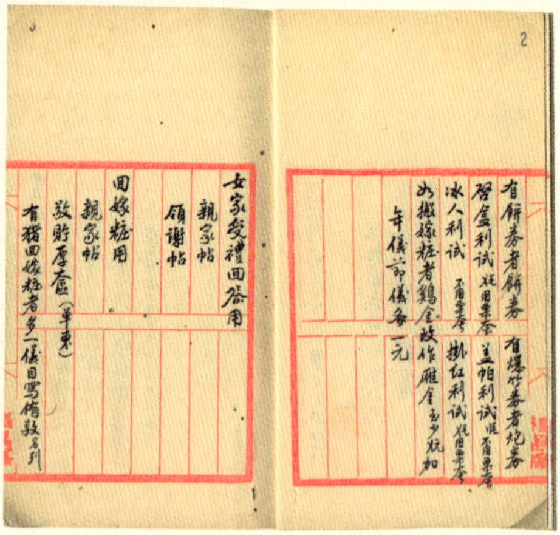

（2）

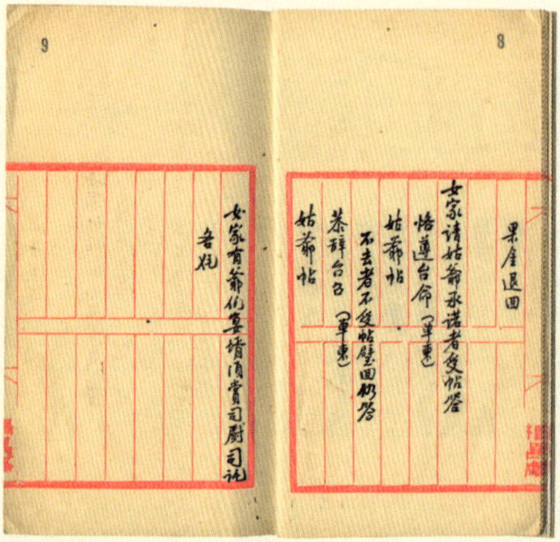

（5）

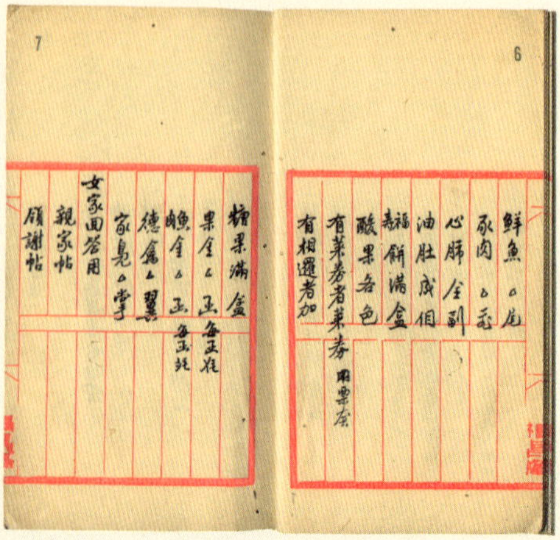

（4）

戴季陶书贺孙中山孙女孙穗英新婚的"花好月圆人寿"横幅

　　然后，红盖头遮面的新娘坐上轿子，被接到新郎家。花轿到达时，要烧鞭炮欢迎。新郎打开轿门，一个老年妇女扶着新娘，跨过屋前的小火盆，直接进新房。最后才请新郎进屋与新娘相会。

　　男宾和兄弟们陪新郎进入新房。新郎用扇子挑开新娘的红盖头，这是新郎和新娘的第一次见面，但他马上又和其他人一起离开了新房，新郎和新娘的合欢宴稍后再单独举行。为了好运，新郎会先夹一块鸡肉。新娘家里跟来的妇人这时要祝福这对夫妇和睦相处，讲完之后，除了家里人和远道而来的宾客之外，所有客人都散去了。

　　新郎和新娘返回卧室，但第二天一早，新粮还得完成另外一套仪式。按习俗她要端着热水服侍婆婆洗脸，跟着奉上茶和甜食。稍后，新娘和新郎穿上他们最好的衣服，向父亲、母亲和家中的长辈叩头，以示服从与尊重。

　　三天后，他们要回新娘的家中表达敬意，最后新婚夫妇宴请至亲。

　　1895年，陆灿从檀香山回翠亨村结婚，因此他笔下的这个婚礼描写，大抵应该是比较写实的。但是最少遗漏一个很重要的仪式——"上字架"。本地风俗，村中男子出生时会有一个小名（乳名），读书时会由老师起一个学名，而到结婚时，就要按族中规定辈份，起一个"字"。在结

结婚时，新郎要按族中规定辈份，起一个"字"。并把木制的"字架"挂在墙上。

孙中山故居纪念馆翠亨民居展示区中的"新房"

婚的时候由婚礼主持人主持仪式，把一个刻有新郎的"字"的木架挂到墙上，标志着这位男子已经长大成人了。以后在族谱、墓碑、神位上以及"正式"的场合里都会使用这个名字。而当男子获得功名或者娶儿媳妇时，则会起一个"号"。例如孙中山，乳名是帝象，进私塾开蒙时取学名孙文，1884年与卢慕贞结婚时，就按族谱的排行，他们这一辈是"德"字辈，于是取字德明，后来孙中山一般使用孙文这个名字，但和他的元配夫人卢慕贞通信时，常常落款会用结婚时所取的"德明"。这个"字架"会一直挂在墙上，直到男子去世后才会取下。因此如果这家人男丁较多，墙上便可能挂有很多"字架"，人丁兴旺在当时可是一件值得自豪和炫耀的事情。

墓葬风水

出生、结婚、去世都是人生必经的阶段。所谓"事死如生"，为先人举办隆重的葬礼，营建精美的坟墓，既可满足安妥亡灵、福佑子孙的要求，又能彰显子孙的孝心与财势地位。

翠亨村附近的坟墓主要是传统的圈椅式风格，经济实力较强、社会地位较高的人或者强宗大族的坟墓，则精美讲究，全墓用花岗石板砌成，墓前辟

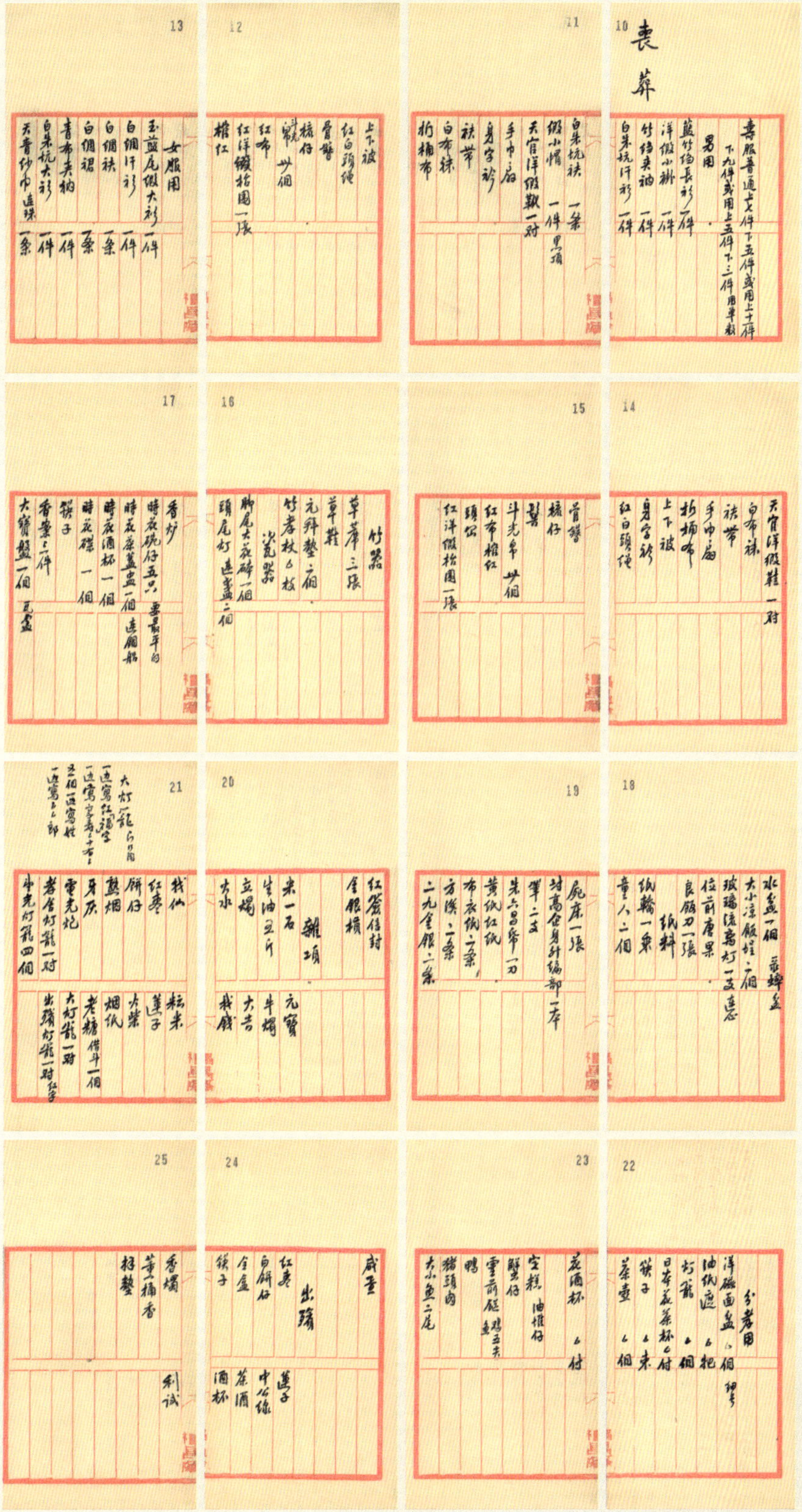

《婚丧必备》中的
"丧葬"篇，篇中详细介
绍香山筹办丧葬各项事宜
所需物品。（中山市档案
馆提供）

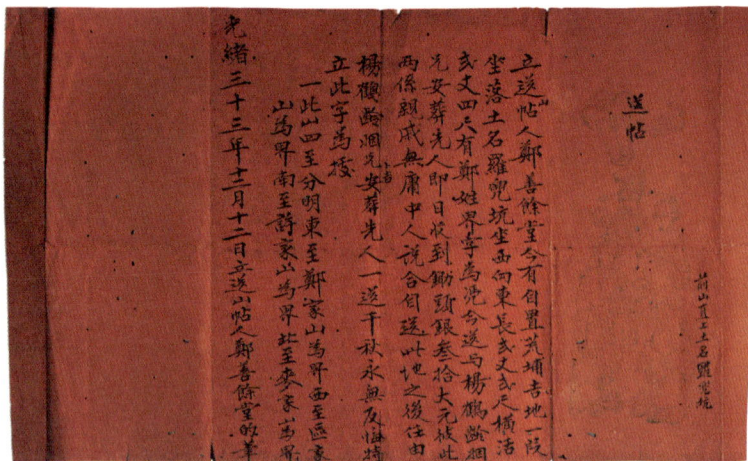

光绪三十三年（1907），杨鹤龄向郑慎馀堂购买坟墓山地的契据。这种坟墓山地的买卖，一般以"送山"的名义，而买主会以赠送"锄头银"的名义支付地价。

有宽阔的墓坪，两边饰有石狮、石鼓等避邪和象征地位的石构件，显得气势堂皇。近代以来，如陆皓东、孙眉、杨鹤龄等革命名人坟墓，由政府出资营建，在传统风格之外，还增添了纪念碑、石雕像、石亭等纪念性元素。

而为先祖坟墓觅得一块风水宝地，以保佑子孙，改变在世后人运势尤为重要。翠亨村民也不例外，大户人家甚至长期供养风水先生，为家宅、阴宅寻找风水宝地，各种关于争夺风水大斗法之类的故事流传于乡间。孙中山家族便留下不少这些关于风水的传说。

孙中山胞姐孙妙茜曾向外甥孙孙满等讲过：

> 祖父敬贤公以耕读发家，很有钱。后来因为相信风水，各处找寻山坡佳地，准备迁葬上代祖宗坟墓，所费不赀。又因争山地而涉讼，变卖田地，入不敷出，家道中落。至父亲达成公，亦好风水，终年养一位来自嘉应州之风水先生。各祖先坟墓，都是父亲所寻得风水最好之地改葬的。祖父敬贤公之墓葬在翠亨村北犁头山南峰，墓门可远眺金星港诸多岛屿，气象壮阔，风景甚幽。地师说："葬后十年，必生伟人。"咸丰四年安葬，至同治五年，胞弟德明（国父）诞生，相

去果然只有十三年间，而你的祖父（德彰公）后来在外洋开垦山林农场，畜牧牛羊，发了大财，岂不是富与大贵都应验，在我们孙家，你应该了解此事。

孙妙茜所称孙中山祖父孙敬贤所葬的风水好穴，翠亨当地俗称为"皇帝田"，还留下一首描述"皇帝田"风水的歌谣：

> 背倚屏风坐宝椅，面临方玉皇帝田。
> 两旁湾拱又湾拱，如同万众共朝宗。
> 上有楼台下有阁，一对鳌鱼生两角。
> 金星明珠现异彩，安坐其中享人寰。

撇开风水不论，"皇帝田"居高临下，地势开阔，面朝珠江口，遥观淇澳岛、唐家半岛夹着金星岛而成的"二龙争珠"格局，确实令人心旷神怡。

孙中山长兄孙眉的墓位于犁头尖山山麓，也是面朝珠江口"二龙争珠"，墓碑上刻有其风水坐向为"亥山巳向室宿十七度丁亥分金"，是

孙中山祖父孙敬贤墓

江西兴国著名风水师杨柳桥之子杨其邦所订。有趣的是，孙眉之子孙昌的墓，位于犁头尖山另一支脉，也是杨其邦所订的位置，风水坐向竟然和孙眉墓完全一样，墓碑上同样刻"亥山巳向室宿十七度丁亥分金"。其中原因，恐怕已经没有人讲得清楚了。

而孙中山高叔祖孙殿侯、曾祖孙恒辉合葬墓所在的长沙埔黄草岗，据墓碑所记是惠州龙川县风水师钟盛阳所择，当时还留下一首描述风水格局的诗文：

> 土名黄草岗，大海作明堂。
> 鳌鱼游北海，旗鼓镇南方。
> 金星塞水口，燕石在中央。
> 谁人葬得着，黄金大斗量。

1930年，时任国民党党史会编纂的王斧经过黄草岗孙殿侯、孙恒辉合葬墓时，有以下的描写：

> 过长沙埔，有黄草冈焉。冈趺有旧营之窀穸，长眠其中者，即为总理高叔祖及曾祖，殆叔侄二人合葬处。坟向东，远嘱对面汪洋中，有矶盘起，荡漾巨浸，中若磐石，因以为案，俗呼燕石。瞻彼泽国，明丽如镜，海鸥狎潮觅食，白鹭拳立沙滩间，胜展图画。

孙敬贤夫人黄氏也葬在黄草岗，据说也是孙达成供养的来自嘉应州（今广东梅州）黄姓风水师所觅，因地形仿如一只螃蟹正在爬向大海，而称为"蟹地"。据说这个坟墓是不能立墓碑的，因为广东俗语有云："大石压死蟹"，立了正式的墓碑，这只"螃蟹"就会变成死蟹，风水就给破了。所以，直到今天，黄草岗黄氏墓前都没有正式的墓碑，只有一块刻有"孙宅山界"字样的小石碑作为标志。许多这种所谓的风水宝地都是取象形而命名的，如位于犁头尖山腰，葬有五世孙礼赞、六世孙乐南、七世孙耕隐、八世孙怀堂、十四世孙殿朝等孙中山直系先祖的墓地，风水取名"竹篙龙真武殿"；孙眉夫人谭氏位于石门山上的坟墓，风水格局则取名为"逼虎跳墙"。1929年底，孙科回乡筹建总理故乡纪念中学校（今中山

翠亨谭家山孙宅坟场，土名"猪肝吊胆"，葬有翠亨孙氏先祖坟墓共41穴。

纪念中学），将校址定于翠亨村西北迳仔萌山一带，在规划的校区内有17座孙中山家族坟墓需要迁出。1930年春，孙科延请来自江西兴国的风水先生杨其邦勘查，后确定崖口谭家山阳坡土名"猪肝吊胆"为孙族新坟场，继由国民党西南政务委员会常务委员兼中山县训政委员会主席唐绍仪提议，由西南政务委员会出资，做为购地和迁葬费用。1931年夏秋间，在孙科、孙满主持下，将校区内的祖坟迁至新坟场，此后孙中山长女孙娫、孙眉养子孙威、孙中山的姐姐孙妙茜等亦葬于该坟场内。

现在已经说不清楚诸如"皇帝田""葬后十年，必生伟人"之类的传说到底是何时形成，是安葬之时已有，还是孙中山推翻满清建立民国之后才牵强附会衍生出来的，都已无从查考。风水传说固然属无稽之谈，不足征信，但无论如何，都或多或少反映出那个时代的社会文化心理。

华侨与故乡

翠亨村也是一个侨乡，孙中山回忆家乡时曾说过：

> 文乡居香山之东，背山濒海，地多沙碛，土质硗劣，不宜于耕。
> 故乡人多游贾于四方，通商之后颇称富饶。

清代中叶以后，珠江三角洲社会动荡，经济萧条，翠亨村外出谋生的乡人渐多。翠亨村人出外谋生在国内的多往上海，如陆皓东父亲陆晓帆，就是在上海做贸易生意。后来也有往青岛、烟台、唐山、汉口等地谋生的。而在海外的则大多喜往檀香山（即夏威夷）。檀香山是香山华侨聚居的主要地区之一，清末香山县九个都之中，除榄都、黄旗都外，其余七都都有华侨在檀香山。19世纪的檀香山，尚处于开发的准备阶段，生活条件恶劣。而当时珠江三角洲甘蔗种植和水稻耕作技术对于当时的檀香山来说较为先进，故檀香山早期最发达的蔗糖业、稻米业和蔬果业的奠基和发展都离不开华人的贡献，因此香山人吴铁城甚至说：

> 吾华侨之与檀香山，无异哥伦布之与新大陆。

一旦有乡人在当地立足后，其他的同乡、亲戚便接踵而去，翠亨村中几乎家家都有人在海外谋生。至民国初年，翠亨村"在檀香山营农、工、商业者有百余家"，也就是说，这时在海外谋生的乡人数量几乎已超过在翠亨村生活的村民。陆灿回忆19世纪70年代的翠亨村时说道："这个时候，村里常常谈论夏威夷，许多人家的子弟去那儿成为了商人或地主。翠亨村民收到他们寄回的信中，生动地描述那里更容易谋生。"1877年，孙中山长兄孙眉和郑强合伙，回翠亨设立移民事务分所，招徕乡人到檀香山谋生，孙眉"把他在夏威夷岛上所有产业告诉那些惊奇的听众，并且把那黄金似的奇怪的沙滩，色似靛青的海水，海滨澎湃的大浪，永流不绝水晶似的泉水，凸入温暖海水中的紫山，遮护着那些物产丰富土地肥沃的山谷，种种的事情告诉他们。他又把自己在珠港附近开垦海滨湿地成绩很好的事情告诉他们，又预言大凡担负此种工作者将来的富裕。他说那里出产非常的多，所以那些皮色似紫铜的土人，很喜欢作游泳等玩意儿，不必力作，明天的食物可以无需顾虑。他又告诉说香的花，叫的鸟，山谷中满了棕树、香橼树、菠萝蜜种种的树林，他们听了很是高兴。" 随着侨汇的源源不断寄回，檀香山在清末乡村农民的眼中，无疑是一个世外的天堂。

所谓"父母在，不远游"，"在家千日好，出门半天难"，中国人都有安土重迁的传统心理，如果不是在家乡谋生不易，又有谁愿意背井离乡飘洋过海冒着风险去寻求新的出路呢？孙中山的两位叔父孙学成、孙观

华侨在出洋船上的生活场景

翠亨华侨杨德初亲属在檀香山茂宜岛的合影

成据说就是出外谋生而客死异乡的。侨眷家中的客厅，常常可以看到贴有"檀山顺利"、"金山顺利"等红纸条，祈求在海外的亲人一切顺利平安。许多人是靠典当借贷才筹得路费出洋，到檀香山最直线的航行也超过八千公里的航程，有时在拥挤、环境恶劣的船上需要度过超过七十天的时间，在这个漫长、乏味又难以忍受的旅途中，还要时时面临恶劣天气和疾病的威胁。陆天祥回忆他的父亲陆廷芳去檀香山"坐的是桄榔船，船身不大，有时前船下浪坑，后船连干（桅杆）也看不见的。一次到太平洋地方，饮完淡水，渴极，而饮火水（煤油），十分艰苦的。"

即使平安到达大洋彼岸，更艰辛的生活才刚刚开始。华侨还要面对檀香山时有的排挤华工的浪潮。1882年，檀香山一家最大教堂的牧师是这样描写那些到檀香山谋生的华人：

> 他们可以像牛、马一样跟他们本国人挤在一起生活。为了节省房租，他们可以在单身铺位里吃饭拉屎。在极不得已的时候，他们可以靠一天两毛五分钱的工资活下去。

华侨到檀香山之初，多从事农活或雇工，经济稍微充裕，则转营商业，开设商店、工厂与农牧场，一些成功者在檀香山地方社会中充当越来越重要的角色。孙中山长兄孙眉就是香山华侨中的一个代表。

孙眉，字德彰，号寿屏，1854年12月6日（清咸丰四年十月十七日）出生于翠亨村。因家中贫困，15岁时便到邻乡南蓢当长工，后得叔母程氏典当先夫孙学成遗下田地筹得路费，在清同治十年（1871）随同乡赴檀香山谋生。到檀香山后，孙眉先在一个土人的农牧场操作，常有十元廿元寄回家用，一面学习夏威夷土话及管理农场的方法，一面努力积蓄，并与土人结为朋友，设法向政府租地，自行种稻，因经营得法，逐渐发展壮大。清光绪三年（1877），孙眉获檀香山政府允许招募华人到檀香山开垦农业，在火奴鲁鲁开设移民办事处。1879年，孙眉的共事者租了一只约二千吨的叫做"格兰诺曲"（SS Grannock）的英国铁汽船，载运华人到火奴鲁鲁去。孙眉本人也交游渐广，在社区内，薄有声誉。钟公宇记述1880年在孙眉家过春节，"那些大块头的夏威夷警察和商店的老主顾们，他们进来随意吃喝，并且还拿走红封包的利市钱。就是那些白种的商人，也在这年节

1901年4月，孙中山从日本赴檀香山与家人团聚时合影。中坐者为孙母杨氏，后排左起：月红（侍女）、孙眉夫人谭氏、孙威（孙眉养子）、孙眉、孙中山、卢慕贞、孙顺霞（孙眉养女）、新兰（侍女），前排三个小孩是孙中山与卢慕贞所生的三个子女，左起：孙科、孙婉、孙娫。

孙眉在檀香山茂宜岛开辟的牧场旧址

来拜访他们中国的同业。" 1880年，孙眉在檀香山怒安奴街（Nuuanu）开了一间商店。清光绪十一年（1885）前后，孙眉在茂宜岛租得数千英亩的土地发展畜牧业，并雇有大批工人。据郑照的回忆，当时的茂宜牧场"其中蓄牛、马、猪、鸡、火鸡等牲口数万头。场地有山林、有平原，工人逾千，华人、土人各半。眉公为全部主人，宛似南面称孤之'小国之君'；其政治势力在该岛上亦居重要地位，美国官员亦常与联络而借重其力以统治该岛，时'孙阿眉'之名已为人所共知。" 因而孙眉也被称为"茂宜王"。从现存当时夏威夷的档案记录中可知，孙眉频繁进行货物、股权、土地的买卖，檀香山的酒店、楼宇以及许多大小地段产权、牲畜养殖以及建筑业，都有他一份。

孙眉之外，翠亨村籍华侨在国外有一定影响者尚不少，在檀香山出生的翠亨村人杨帝泽也是一个突出的例子。1929年4月13日，杨帝泽与美国探险队在四川与西藏交界处成功捕捉了一头大熊猫，并制成全世界第一个完整的大熊猫标本。杨帝泽与弟弟杨帝霖先后制作了至少四个大熊猫标本，分赠南京自然历史博物馆、上海皇家亚洲学会博物馆等收藏。1936年11月9日，杨帝霖与美国露丝夫人等在四川汶川县发现了一只幼体的熊猫，这只被命名为"苏琳"（Su-lin）的熊猫成为第一只被带出国外的活体大熊猫。后来露丝夫人把这个故事撰写成小说《淑女与熊猫》（*The Lady and the Panda*），2001年小说被改编成故事片《熊猫奇遇记》（*China:The Panda Adventure*），由著名影星玛丽亚·贝洛

蒋介石签名赠送给翠亨华侨杨帝泽的照片 （林冠群提供）

杨帝泽（左二）在川西留影

杨帝泽（左一）参加著名的罗斯福远征时与同伴合影

（Maria Bello）出演。曾参与世界自然基金会熊猫研究计划的美国著名生物学家夏勒在其《最后的熊猫》（*The last Panda*）中评价杨氏兄弟说：虽然他们年纪轻轻，却已经是在中国境内工作、最有成就的博物学家。1932年，杨帝泽又和三个美国人登上海拔7856米的四川康定县贡嘎山，并保持这一纪录长达25年。杨帝泽曾参与抗日战争和太平洋战争，先后获美国颁发两个银星

勋章、三个功勋勋章、六枚铜星勋章和自由
勋章。抗战期间，杨帝泽在南京沦陷前参与
把故宫约2000箱文物安全转移到大后方。

华侨在海外谋生地洒下了辛勤的汗水和
智慧，从海外带回大量的侨汇。源源不断
的侨汇，不但成为侨眷家庭的经济保障，
也拉动了地方经济的发展。华侨在国外辛勤
劳动，赚得微薄收入积蓄寄返家乡，结婚生
子，赡养家眷，买田建房，捐助公共事业。
侨乡经济对侨汇有很大的依赖作用，"桑梓
人士，十之八九，都是仰给于侨汇之家。"
华侨还带回很多对于当时的农村来说是很新
奇的洋货，有些侨眷的后裔回忆，小时候家
中有单车、照相机、衣车、小提琴、锯琴、
洋琴以及网球拍和网球等新鲜物品。直到今
天在翠亨村的旧民居里还能找到当年华侨购
回的"满堂光"吊灯、煤油灯、熨斗、西式
铁床甚至铁胎搪瓷浴缸。

华侨带回的不仅是大量的钱财和各种洋
货，还有国外的观念和文化，从乡村建设到
建筑、装饰、词汇、服饰、民俗乃至宗教信
仰各方面影响着翠亨这个偏僻小山村，甚至
催生出新的人生观和世界观。翠亨华侨子弟
亦因此有机会随亲人出洋接受西方的文化教
育，接受新的文化冲击，"开眼看世界"，
踏足国际的大舞台。孙中山就是一个很典型
的例子。1879年，孙中山第一次随母亲赴檀
香山，后来他是这样追述当时的强烈感受：

　　始见轮舟之奇，沧海之阔，自是有
慕西学之心，穷天地之想。

1883年，孙中山从檀香山带回
的煤油灯。

翠亨民居正厅中常有的煤油
吊灯，俗称"满堂光"。

1926年5月14日，华侨通过檀山正埠华美银行汇款回乡的汇票。

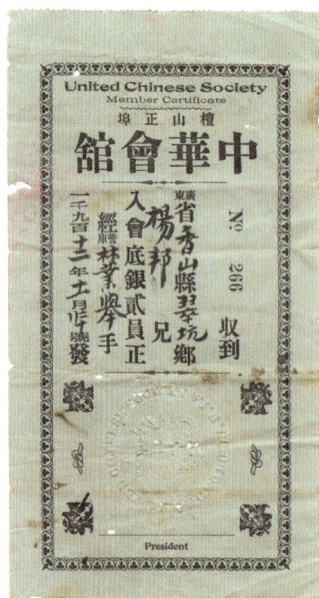

1912年11月27日，林业举签发给翠亨村华侨杨邦的檀香山中华会馆会员证。

杨邦的檀香山国安会馆会员证。檀香山国安会馆为洪门团体之一，创立于19世纪60年代。

孙中山在檀香山接受了比较系统的西方教育，他回忆说：

> 至檀香山，就傅西校，见其教法之善，远胜吾乡，故每课暇，辄与同国同学诸人，相谈衷曲，而改良祖国、拯救同群之愿，于是乎生。当时所怀，一若必使我国人人皆免苦难、皆享福乐而后快。

在檀香山的求学生涯，是孙中山成为一个具有世界意识的新知识分子的重要起点。四年之后，从檀香山回乡的孙中山已不再是一个未见过世面的乡下少年，他积极向翠亨村民述说在檀香山的见闻，宣传社会改革的必要，又时常集合村中的青少年，讲述华盛顿和拿破仑的事迹。乡中父老还推举孙中山参与翠亨村的村政事务管理，他利用自己在西方学到的知识，在村里进行一些改良乡政的社会活动。

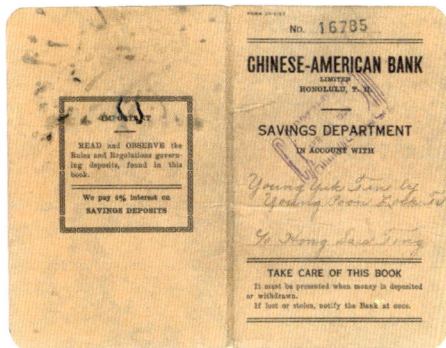

翠亨村华侨杨邦使用的檀香山中美银行存折

华侨和故乡有着斩不断的乡情，他们在侨居地坚持故乡的伦理道德和民风习俗，而对故乡又忧戚相关。1939年6月2日冯玉棠、杨观乐从檀香山寄回翠亨村民杨贺的信中说道：

> 云乐乡长寄来一信，具云前由檀埠梓里捐返千余元，并不知情等语。又乡中所存之枪炮十余枝及弹码不知落在何处。又乡中街灯疏密不齐，有者连蜜（密）之二三支，光辉照耀夺目；有者黑暗如漆，甚无光至。……又闻乡长治理乡事不甚称职，时有不正当事，闻有碍乡中之名誉，包庇奸徒，在乡无所不为，祈查察情形，速由邮政书局回复一音。

可见华侨对故乡仍有相当的影响力。华侨对于故乡的一草一木都萦系于怀，对于家中子侄，更是关心。村民杨帝俊保留下来一封在檀香山的堂兄杨观乐于1949年写给他的一封家书，关怀之情，溢于纸上：

> 字奉帝俊贤弟如晤收看，你读书成绩如何，我很想知到（道）的。你又时常往乡间铺仔坐立，因此地方做生意或赌钱，饮食男女困杂，不应你到的，不需要你买卖，你是读书的时代，应该在家勤力学习工（功）课，保重身体为要。还须要听汝母亲之话教导，家庭责任又应帮助，二哥已年老，檀埠非常困难，不论中西文字，须要读书识字，他日打工容易入手，以后接到之信，劳心致意，兄所厚望焉。

华侨与祖国命运患难与共，正如孙科所说的："在革命期间，每当国内有问题发生时，无不反应到华侨社会，其结果多半需要侨胞的慷慨捐献。"某程度上可以说孙中山反清革命事业是从檀香山兴中会建立开始的，这也是中国近代正规的民主革命的开端。对孙中山领导的民主革命运动，翠亨村的同乡是最早的参与者、支持者。1894年，孙中山到檀香山"拟向旧日亲友集资回国，实行反清复汉之义举"，"先赴茂宜牧场就商于乃兄，德彰首赞成之，且愿划拨财产一部为助，更移书檀埠各亲友为总理先容。"同年11月，孙中山在檀香山成立中国第一个民主革命团体兴中会，翠亨籍檀香山华侨孙眉、杨德初、陆檀生、杨贺等先后加入。陆灿回忆，1896年初孙中山到檀香山，很多当地的华侨都去迎接他，对于这位敢于公然反抗"龙庭"的年轻革命者大家都非常尊敬，年轻人迫切地认为中国需要改变，但更使孙中山感到惊奇和感动的是夏威夷的老年华侨也给予他真心的关怀和忠诚的支持。孙中山的长兄孙眉倾家为国，终至破产。孙中山曾对吴稚晖说过：革命经费很大一部分"皆我兄及我所出也"，庚子惠州起义之后，"吾一人之财力以尽，而缓急皆赖家兄之接济，而妻子俯蓄亦家兄任之。是从事革命十余年以来，所费资财多我兄弟二人任之"，"两年前家兄在檀已报穷破产，其原因皆以资助革命运动之用。"孙眉不但在经济上大力资助革命运动，破产回香港后还与杨德初等缝制起义旗帜支持广东新军反正。1910年9月，孙眉因"运动劳工入党事，被港政府驱逐出境"。同年11月孙眉参加槟榔屿会议，参与策划广州"三·二九起义"

P. O. Box 807,
Honolulu, T. H.,
Jan. 15, 1912.

Dr. Sun Yat Sen,
President Chung Wah Republic.

Dear Sir:

My name may seem strange to your eyes and cause your mind to recall, one by one, the many acquaintances you have made in this country, yet I am glad to say that I once had the honor of conversing with you personally, of affairs concerning our country, at Hilo Hawaii, during you last visit in these islands.

Now that you have, practically, accomplished your object, and are unmistakably placed at the head of our newly established and longed-for Republic, you are not only a benefit to the four hundred million souls of our country, but also an honor to your family and our "Choy Hang" clan. I sincerely congratulate you for your success, and for the noble work that you have done for the future happiness, prosperity, and strength of our nation.

The minds of our fellow-countrymen in this country have greatly altered since the beginning of the revolution. Many, who were formerly supporters of the worthless Manchu emperor, are now helpful Republicans. The revolutionary movements have been closely followed by all, and it has given us great joy to hear of the rapid success of our Fellow-Revolutionists. Mass-meetings were held to show our interest in the cause, parades were directed to show our joy, and red-white-and-blue flags were raised to show our sympathy. You have, undoubtedly, already heard of this rising spirit of our Chinese people in Hawaii nei. For further information on the subject, your worthy son, who has so kindly consented to carry this letter to you for me, is in a far better position to tell you.

Without doubt, when the Republic is firmly established, China will be in need of men of various occupations. In this case, if you should see any chance for me to render my humble service to our dear country, will you kindly write to me at the address given above, or wire to me at the Liberty News, if it requires my immediate action? I am, at present, under employment in one of the steamers of the Inter-Island Steam Navigation Company, with whom I have worked for twenty years.

Thanking you in advance, and wishing you continuing success, I am

Your obedient servant,
Young Tong (楊桐). 翠亨村

P. S.- A. H. Wong (王鑑虎), who is a member of the Tong Ming Society, and who has the honor to be called upon to write this letter, sincerely joins in all congratulations and best wishes.

(Y. T.)

1912年孙中山就任中华民国临时大总统，翠亨华侨杨桐（杨灿文）从檀香山寄给孙中山的贺函。

（即黄花岗起义）。同年12月潜至广州湾，易名黄镇东，任同盟会南方支部副支部长，组织民军响应武昌起义。

1912年孙中山就任中华民国临时大总统，檀香山的翠亨籍华侨杨桐怀着激动的心情写了一封英文信给孙中山，信中说：

> 你不仅是四万万同胞的恩泽，而且是你的家庭和我们翠亨人的光荣……自革命爆发后，在这个国家的华侨有了很大的变化。过去许多人是支持无能的满族皇帝的，现在成了积极的共和主义者。所有的人都紧跟革命运动，我们非常高兴听到革命同志迅速成功的消息。群众集会表明我们对事态的关注，游行直接抒发了我们的喜悦。

我们不难从中感受到作为同乡深受鼓舞和自豪之情。

抗战时期，华侨关怀国事，1938年初翠亨华侨寄回家乡的信中写道：

> 中日战争，南京失守，济南、山东、苏州危在旦夕，广东不日侵犯，不料蒋介石之兵屡次退步，旅外华侨闻此消息，万分忧虑受制铁蹄之下耳。

广东沦陷后，海外华侨的救济便成为翠亨村民生活的主要来源。村民杨贺保存有一张残缺的1939年檀香山华侨捐款回乡记录，内容如下："钱润华港二百元，苏容根二百元，陆文灿一百元，冯玉堂二百五十元，杨唐氏二十元，杨金定女士十元，杨帝荣夫人十元，陆帝祥十元，冯庆棉十元，陆桂芳十元，钱金十元，锦潮二百元，锦尧一元，孙帝祥三十元。"这张不完整的捐款记录总额是961元港币，衡诸当时的币值，已是一笔不少的款项。其后翠亨檀香山华侨成立救济会，捐助源源不绝，1946年杨观乐致杨贺夫人谭氏的信函中说道："孙科日前由金山慈善拨出食品寄返乡中各户口，亦有领收否？四大都亦有救济，在檀埠我乡人多数捐助（四大都赈济每人收大洋六百五十元），未审救济款有分派户口居民否？"同年11月，杨观乐又致函杨贺夫人谭氏，信中称："前四大都救济交到港币二百五十七元九毫一仙，找得国币一十三万七千八百元，受赈人百九十八名，每人六百五十元；翠亨救济会主席杨振陞董事，杨灿文、杨正国、冯

遗嘱

翠亨村华侨陆天培于1937年所立的遗嘱。在遗嘱中，陆天培忆述追随孙中山革命四十余年的经历。

杨贺，孙中山幼年同学，檀香山同盟会员。

1912年3月17日，杨贺加入檀香山中国同盟会的会员证。

官麟筹备施赈妥派；今十一元月二号，四大都会馆再汇港币二万八千元，如常按额赈济。"1947年12月杨观乐致杨贺夫人谭氏函又写道："日前付返救济之款，成年派五十六元（分派成年人148份），童年二十八元（童年54名），亦有收条各分总列付来。各职员商议，又付美金币一千，救济年晚贫民，分派已经议决。"

受二次世界大战的影响，其实当时檀香山的社会经济环境也相当恶劣，如1946年杨观乐致叔母谭氏的信函便是这种困境的真实写照："顺达檀山工会恐吓罢工果成事实，因衣食所用货物几乎由船运入，其受困之情形实难堪矣。华人向以米为养生要品，最近因海员罢工，金山米搁于三藩市，致令全檀香山困难，人民受影响最大，无米则以为生，情形殊惨，居民多数无米为炊，绝粮之叹，若果犹不设法解救，罢市风潮相继而起，真堪令人忧虑也。"在另一封家信中，又叮嘱"近来檀埠肉品价极高昂，失业工人日见日多，祖葵儿因公司罢工，由元月七号起仍未解决，每月少入二百元，万分紧手，凡百悭俭为望。"海外华侨在如此艰难的环境下，仍竭尽全力资助家乡，除了赡养家眷的责任之外，更重要的是对家乡和祖国的执著乡情。

1911年12月31日，香山四大两都旅沪同乡在上海设宴欢迎两日前当选中华民国临时大总统的孙中山。

1925年4月12日，旅檀的翠亨村人在檀香山首府火奴鲁鲁的夏威夷戏院参加孙中山先生逝世追悼会后留影。

伟人故里

孙中山与翠亨

　　翠亨村是孙中山先生的故乡。孙中山在这里出生和度过他的童年和青少年时代。翠亨村是他最早认识社会的窗口，是孕育他革命思想的土壤，也是他最早进行社会改革的试验场。

　　孙中山的祖父孙敬贤（1789～1850），以耕种承继的十余亩祖田为生，23岁时娶妻黄氏，生子孙达成、孙学成、孙观成。孙中山出生的时候，祖父孙敬贤已经去世。父亲孙达成（1813～1888）年轻时在澳门当鞋匠，到30多岁时才回乡，与附近隔田乡杨胜辉之女杨氏结婚，婚后相继生下孙眉、孙金星（早殇）、孙典（早殇）、孙妙茜、孙中山、孙秋绮六个子女。

　　孙中山一家靠租耕位于村东北俗称"龙田"的二亩半翠亨孙氏祖尝田为生。清同治三年（1864）前后，孙达成与孙学成、孙观成曾经共同承租翠亨孙氏瑞英祖遗留下来的迳仔蓢山荒地开垦，种植果园，但立约之后孙学成、孙观成相继去世，这项计划最终未能实现。有一段时间，孙达成晚上还在村中兼做更夫，以增加一点收入帮补家用。村中有人办喜事或丧事的时候，他也常去跑出跑入帮忙。孙家的日子过得相当艰难。咸丰六年（1856）《三修翠亨村祖庙碑记》中记载，孙达成为重修祖庙捐款一元，这个数目是碑上所录男丁捐款的最低额，也可以从一个侧面反映出孙中山出生前十年孙家的经济状况。

　　孙中山生于这样的普通家庭，就像一般的农家子弟一样，他五六岁时便经常跟随二姐孙妙茜做砍柴、割草、拾取猪粪等劳动。幼年的孙中山很少穿鞋子，

孙中山父亲孙达成（右）及母亲杨氏（左）画像

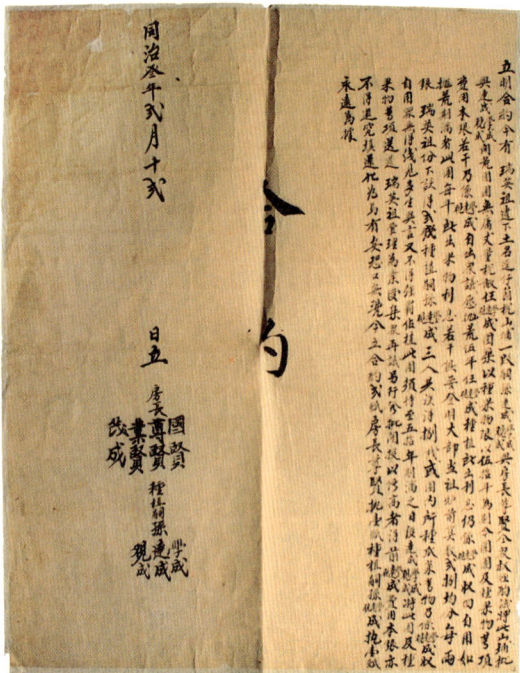
1864年（清同治三年），孙达成和弟弟学成、观成批垦孙氏祖尝迳仔萌山埔种植果物。这是当时订立的合约。

也很少吃到米饭，常以番薯充饥。年纪稍大一些，便要跟随父亲下田插秧、除草、打禾，还常常到村外的金槟榔山山腰的山水井挑水。农闲时他还跑到隔田乡跟随外祖父杨胜辉出海捕鱼和挖蚝。因家贫买不起耕牛，孙中山每年还要替人放几个月的牛，以换得牛主同意借牛帮孙家犁翻那两亩多租佃的田地。孙中山后来多次和宋庆龄谈起：从那时起，他就想到"中国农民的生活不应该长此这样困苦下去。中国的儿童应该有鞋穿，有米饭吃。"少年时代的的乡村生活，使孙中山形成独立的性格以及强健的体魄。他日后的很多思想的启发都离不开早年在家乡的艰苦农家生活。他后来说："吾自达运用脑力思索之年龄时，为我脑海中第一疑问题者则为我自己之境遇，以为吾将终老于是境乎，抑若何而后可脱离此境也。"例如平均地权思想，日本友人宫崎寅藏曾问孙中山："先生土地平均之说得自何处？学问上之讲求抑实际上之考察？"他回答说："吾受幼时境遇之刺激，颇感到实际上及学理上有讲求此问题之必要。吾若非生而为贫困之农家子，则或忽视此重大问题亦未可知。"

在翠亨村，有一位参加过太平天国起义的老人叫冯观爽，傍晚歇凉时常在孙中山家前的大榕树下给村中的孩子们讲述太平天国领袖洪秀全起义反清的故事。孙中山常常听得十分认真，对洪秀全充满了崇仰之情，说："洪秀全灭了满清就好咯！"在和村中小孩玩游戏时，他常以"洪秀全第二"自居。孙中山后来在回答日本朋友宫崎寅藏询问他"革命思想胚胎于何时"的问题时回忆说：
"革命思想之成熟固予长大
后事，然革命之最初动机，
则予在幼年时代与乡关宿老
谈话时已起。宿老者谁？太
平天国军中残败之老英雄是
也。"

　　童年的孙中山便活泼
好动、爱动脑筋和有反抗精
神，翠亨村中流传着很多孙
中山小时候的传说。据说
孙中山有一个邻居，以做豆
腐为生，人称"豆腐秀"，
他有两个儿子十分顽皮，年
龄又都比孙中山大，常常欺
负孙中山。有一次，被欺负
的孙中山忍无可忍，便拿着

孙中山祖屋旧址

翠亨村外金槟榔山。幼年的孙中山常随胞姐孙妙茜到山上砍柴及挑水。

孙中山幼年傍晚常在家前的大榕树下
听邻居老人讲洪秀全起义反清的故事

设于冯氏宗祠的翠亨村村塾，孙中山在此开蒙。

一块石头追到"豆腐秀"的家中，一石就砸往那锅正煮开的豆腐浆。小孩的父母不明所以，找到孙中山的父母理论，才明白事情的经过原委，自知理亏，把两个儿子大加责备。孙中山父母见"豆腐秀"因锅破不能再用而为生计发愁，也主动赔偿。孙中山也因此得了一个外号"石头仔"。孙中山10岁的那一年，翠亨村靠在潮汕一带从事苦力贸易发财的杨启文、杨启操、杨启怀三兄弟被外县控告贩卖人口，香山县衙门派出官兵下乡搜捕封屋，一时间翠亨村鸡飞狗走，家家关门闭户，犹如大难临头。孙中山却毫不害怕，跟着清兵后面去看他们封屋，每封一间，他都跑回家去报讯。

因为家贫，孙中山直到9岁才入设在村中冯氏宗祠的村塾开蒙读书，所学的功课主要是《三字经》、《百家姓》、《千字文》以及四书五经选读等传统儒家典籍。塾师上课时只要求孩子们朗朗背诵课本，却不解说书中的意义。孙中山聪明伶俐，记性很强，往往老师教几次，他就能背诵下来。不久之后，孙中山逐渐对这种死背书而不明书中道理的学习方法感到困惑。他觉得："我天天读书，却不知书中讲些什么道理，这读来有什么用呢？"他要求老师解释书中的道理。老师对孙中山的大胆冒犯当然非常生气，拿起

孙中山幼年老师程君海

戒尺来教训他。但孙中山并不服气，他认为："这个经书里面一定也有道理，我总有一天要寻求出来。"如果只硬性记忆，而不求甚解，即使记忆力甚强的学生，也会很快把学过的东西忘掉。孙中山也曾回忆说："我亦尝效村学生，随口唱过四书五经者，数年以后，已忘其大半。"

后来私塾的老师换了附近南蓢墟的程君海。程君海名步瀛，字守坚，号君海，又号籍笙，其人"仪容颀秀，天资聪颖，博通经史，未弱冠补博士弟子员，旋食廪饩，愤清廷颟顸误国，绝意仕进，讲学于翠亨村。"与孙中山"同时执贽受业"于程君海的陆华显回忆：程君海"诲人于学术传授外，尤注意于思想之启迪与德性之培养，每对吾人讲授满清入寇中原，残杀汉人，兴文字狱，以及丧权辱国诸史实，实意气慷慨，使听者民族思想油然而生，民族气节为之激发。"据说程君海在翠亨教学时曾出"虎豹诚能格"为上联命诸学生对，孙中山答以"龙蛇未可知"为下联。程君海"因知孙公非池中物，益悉心训诲"。虽然这些回忆未必全部可信，但孙中山童年时在翠亨村接受的私塾教育，为他打下了初步的国学基础。孙中山在檀香山意奥兰尼学校读书时，同学唐雄对其有"中文根柢颇深"的感觉。

翠亨村虽然是个普通的小山村，但仍有机会接触许多外部的信息。据史料记载，当时孙中山"偶闻邻镇牧师悬有地图，寤寐求一见而未得也；从此对历史、地理、政治诸科，寄以莫大兴趣。审知'中国即是天下'之说，纯属谬误，中国而外，当有更大之世界与新异之事物存焉。"哥哥孙眉从檀香山寄回的家信中，"详述（檀香山）岛中政俗之优良、土地之肥沃及所营事业之发展"。这时因父丧从上海回乡的陆皓东成为孙中山的私塾同学，他向孙中山述说十里洋场的五光十色。这一切都引起了孙中山极大的兴趣，他对翠亨村以外的广阔天地充满了向往和好奇。因为弟弟孙观成出外谋生而客死异乡，孙中山的父亲孙达成一直不愿意他的两个儿子都到外国去冒险。1879年夏天，在孙中山的苦苦央求下，父亲终于同意他跟随母亲远航到檀香山哥哥孙眉那里去。在檀香山，孙中山先后进入意奥兰尼学校和奥阿厚书院读书。孙中山生于生活简朴的农民之家，而短短两三年不求甚解的私塾教育，封建思想与礼法的灌输和影响是有限的，这也使孙中山没有太重的传统包袱而比较容易地接受西方思想文化。

1883年，孙中山从檀香山乘船回乡。船到香港，又转乘沙船回翠亨，在途中孙中山和众旅客受到清政府征收关税、厘捐的官兵三番五次借故检查，而检查的目的是为了勒索贿赂。孙中山对此十分愤怒，他勇敢地向搜查的官兵抗议，并向船上旅客演讲中国必须进行政治改造，"中国在这些腐败万恶的官吏掌握中，你们还坐视不救么？"

此时的孙中山与四年前离开家乡时完全不同了，国外的社会知识和自己目历身受的体验使他与未见过世面的乡下少年已有脱胎换骨的变化，他开始把自己的理想追求和国家的命运联系起来。

回到翠亨村后，孙中山积极向村民述说在檀香山的见闻，宣传社会改革的必要，经常向村人抨击清政府的腐败，他说："你们的县衙门干什么事呢？每年衙役到翠亨来一次，向你们收取那县衙门所规定的钱。他们收了你们的钱，就去了。""一个政府应该替人们管理种种事情，正像家长应该注意到家中各人一样。"乡中父老还推举孙中山参与翠亨村的村政事务管理。孙中山后来回忆说：

> 予归侍父母膝下也，乡关之宿老以及竹马之友皆绕予叩所闻见，予尽举以告，无不欣然色喜，遂被推为宿老议员之一。自治乡政之事多采余说，如道路修改，入夜街道燃灯，为防御盗贼设壮丁夜警团，顺次更代，此等壮丁均须持枪等事是也。

据说孙中山还时常集合村中的青少年等，演说太平天国和华盛顿、拿破仑的事迹。陆皓东、杨心如等都是他在村中志同道合的同龄朋友，后来他们积极参与到孙中山领导的反清革命事业中，村人把孙中山、陆皓东、杨心如、杨鹤龄合称为"翠亨四杰"。

翠亨村的北极殿是村民虔诚信仰的庙宇。传说孙中山母亲杨太夫人怀孕期间曾于晚上梦见村庙北极殿的北帝披发现形，忽然惊醒，不久后诞下孙中山。因此孙中山自小就契了北帝为"契爷"，还取了小名为"帝象"。但孙中山就对村民如此虔诚地信奉他的这位"契爷"不以为然。据陆华显回忆：少年时代的孙中山，常于傍晚在村后的大树下和村中同龄人讲述自己的见解，其中多以破除迷信为话题，认为焚烧金银纸宝，游神集会，浪费资财，祈福变成祈祸；并举翠亨村每年一度的游神习俗为例，穷苦人家，耗去几个月口粮，何故而自寻烦恼，争那些愚蠢的体面呢？据杨鹤龄的回忆，孙中山甚至还曾提出要清算村庙里的公尝。孙中山元配夫人卢慕贞曾在1944年7月13日接受中华福音电台全国总会总干事李观森的采访，口述孙中山事迹时说：孙中山因拟入基督教而被哥哥孙眉送回故乡后，见翠亨村民崇拜偶像，甚感痛苦，就劝他们说："你们不要跪下叩拜人手做的木头泥土菩萨，他们有眼看不见，有口不会说话，有脚不会行走，有手不会动，崇拜他们有什么用处呢？你们应当敬拜创造万物宇宙的主宰上帝。"这些话是否真出自孙中山之口已无从考证，但关于孙中山反对村民崇拜村神北帝的事迹则屡见于其亲友及同乡的回忆。现在翠亨村中仍流传着孙中山损毁北极殿神像的故事。据说1883年秋天，孙中山与陆皓东、陆灿等几个同伴跑到北极殿里，损毁了北帝和金花娘娘的神像。他对村民说："你看我把北帝的手指掰断了，胡子扯掉了，金花娘娘的脸划花了，它们都不能阻挡和躲避，还不是对着我笑眯眯的。它们自己都不能保护和帮助自己，又怎么能够保佑我们呢？"他们的行为当然引起村民的强烈反感，被认为是亵渎神灵，大逆不道，将会给全村带来灾难。最后，孙中山的父亲孙达成答应重修被捣坏的神像，并责令孙中山离开家乡，这场风波才算平息。孙中山后来转往香港求学，这件事成为孙中山人生中的一个重要转折。

1884年5月，在长兄孙眉的主持下，正在香港中央书院就读的孙中山回乡，与同县外埔村（今珠海市金鼎镇外沙村）华侨卢耀显之女卢慕贞结婚。结婚时按照当地的习惯，根据族谱里的排行，孙中山取字"德明"。1888年3月24日，孙中山父亲孙达成在翠亨村病逝。孙眉已于数月前回乡与弟弟孙中山一起奉侍汤药，因孙中山受洗入教而造成的兄弟之间的种种芥蒂也在父亲的病榻前尽释，和好如初。此后孙中山在香港学医多年，学费及生活费都由孙眉源源不断供给。

美国传记作家林百克曾转述孙中山告诉他的一个幼年时代海盗抢掠翠亨村华侨富商家庭的亲身经历：

一天他（指孙中山）正在村塾里念书，忽然外面起了极大的喊杀声伴着攻墙器击墙碎石声，震动翠亨全村。这是水盗对于一个由美国回来的侨商住宅的攻击。他建筑他的墙门这样坚固，自以为强盗攻击不进来的。但是水盗用了厉害的攻墙器把墙头攻了一个大洞，于是强盗抢了主人保藏好的巨大财产。广东的水盗在水盗中恐怕要算最残忍最灵敏的。西班牙领土南美洲大陆的水盗本是很凶猛的，但是同广东水盗比较起来，就像罗宾汉（西洋侠盗名）一样仁慈和蔼了。……这个侨商自信他的墙头很坚固，可以抵御猛烈的攻击，所以他在里面大胆喝骂水盗，看他们攻打。但是可惜，他没有想到水盗攻墙器的厉害，是用极巨极重的木头做的，用一根大索挂起前推后送，他们一些不放松地猛撞。砰礴！砰礴！攻墙器前后推撞，巨声回响到村中街市上面，使村民惊骇失色。震恐的母亲乱拽吓坏的孩子东藏西匿。全学堂惊惶失措，教师学生四散乱找藏身之处。……砰！砢！拍拉！墙门倒在地上了，水盗握着刀，冲过了幼小而大胆的孩童，过去找寻财物和被抢的人。人都开后门逃去了，水盗愤得大喊大叫一番。后来他们找到了几只宝藏的箱子，装着许多金子，于是怒声立变为欢呼声。水盗欢笑而出。……过了一会，一个面现土色乱发蓬松的人见了颓垣败瓦，很失望地喊道："我完结了！水盗把我所有的都抢去了。许多年来我冒着生命的危险，在洋人的地方做苦工积聚了许多金钱为我家族和乡村的利益的，现在都被强盗抢去了。"

林百克还写道：这个幼小的旁观者在思索，为什么中国没有洋人这样的法律？为什么这个侨商冒了生命的危险挣到诚实的金钱，洋人允许他带回来的，在中国竟得不到法律的保护？

当在香港求学时，孙中山时时把英国管治下的香港与故乡香山相比，他后来回忆当时的感想：

我于三十年前在香港读书，暇时辄闲步市街，见其秩序整齐，建

孙中山故居侧影

筑闳美，工作进步不断，脑海中留有甚深之印象。我每年回故里香山二次，两地相较，情形迥异，香港整齐而安稳，香山反是。我在里中竟须自作警察以自卫，时时留意防身之器完好否。我恒默念：香山、香港相距仅五十英里，何以如此不同？

孙中山也曾利用他的知识和思考尝试在家乡进行一些乡政的改革，他回忆说：

我曾一度劝其乡中父老，为小规模之改良工作，如修桥、造路等，父老题之，但谓无钱办事。我乃于放假时自告奋勇，并得他人之助，冀以自己之劳力贯彻主张。顾修路之事涉及邻村土地，顿起纠葛，遂将此计划作罢。未几我又呈请于县令，县令深表同情，允于下次假期中助之进行。迨假期既届，县令适又更迭，新县官乃行贿五万元买得此缺者，我无复希望。

虽然这些改革因种种原因未能实现，但孙中山在假期回乡时，常常亲身参与农业劳动，把外地先进的种植和畜牧方法引入翠亨村。孙中山村塾同学陆华显回忆：

孙中山先生在香港读书时，假期常回翠亨，毫不犹豫光着脚和我们一起下田做活，并组织我们互相帮助，快收快种，阐明农时季节的重要性，可增多一点粮食的道理。这时，村里的大户讽刺他说，不像读书人仔所为，绰号"石鬼仔"，没有起错。但他却不以为然，对我们进行解释说："读书人仔，应知书达理，不违农时，不胜食也。这点知识还没有吗？徒认识几个字有哪些用处？忍看我们父兄如牛马的生活，坐享其福吗？"

孙中山还曾找老农了解乡间土质的状况，打算在家乡倡种桑树，以适应当时珠江三角洲缫丝业的发展。1890年，还在香港西医书院读书的孙中山致书香山县退休居乡的洋务官员郑藻如，希望他支持在香山县试实行振兴农桑

孙中山卧室

业，利用西方先进科学技术和资本主义经营管理方法改造农业，发展农业生产；设戒烟局禁鸦片烟；广兴学校，发展教育事业，为国家培育人才等措施。因为这三项事业，有关天下国家甚大，如果能实行的话，"将见一倡百和，利以此兴，害以此除，而人才亦以此辈出。"这篇文字是目前所见孙中山最早的论著。孙中山与香山籍的另一位著名洋务实业家、思想家郑观应也有联系，郑观应的故乡雍陌村距离翠亨村不过10余公里。1892年，郑观应的名著《盛世危言》编成，孙中山曾向戴季陶提及，《盛世危

翠亨村西门，门上"瑞接长庚"石匾尚有一条裂缝，据说是孙中山与陆皓东试验炸药时所震裂的。

言》中曾采用他的两篇文章，陈少白更肯定其中一篇是关于农业的。

1892年初，长兄孙眉从檀香山汇款回乡，孙中山亲自设计和主持修建了一座三开间两层的小楼，这就是我们今天所看到的翠亨孙中山故居。同年，孙中山在香港西医书院毕业，先后在澳门、广州、石岐行医，时时回翠亨居住，并在家中书房为附近村民看病。有一次村民陆檀生的妻子难产，全家束手无策。虽然孙中山是男医生，在当时的传统观念下是不适宜为女人接生的，但陆檀生无法之下只好硬着头皮去请孙中山帮忙。孙中山的伯母阻挠，认为男人给产妇接生，会带来"衰运"。但孙中山并不放在心上，随陆檀生前去帮助产妇顺利产出。其实早在广州博济医院学医时，孙中山就对医院以"男女授受不亲"为理由而禁止男学生到产房做接生实习的规定表示过抗议。他向当时主持医院的嘉约翰医生指出"学生毕业后行医救人，遇有产科病症也要诊治。为了使学生获得医学技术，将来能对病者负责，应当改变这种不合理的规定。"这个合理建议最终获得医院的采纳。

孙中山又常常和陆皓东等在书房讨论时政，通宵畅谈。有一天，他还和陆皓东拿着自己试制的炸药，走到家外约30米的翠亨村西闸门试爆，现在闸门的"瑞接长庚"石匾上还有一条裂缝，据说就是孙中山试验炸药时所震裂的。

香港西医书院毕业后，孙中山先后在澳门、广州、石岐开设药局行医，他自述这个时候逐渐从"医人"走向"医国"，"行医日只一两小时，而从事革命者，实七八时。"1894年初，孙中山从广州回到翠亨村，在家中的书房里埋头起草了一篇长达八千多字的政见书，计划向洋务派重臣李鸿章进言（后来一般称这篇文章为《上李鸿章书》）。在这篇《上李鸿章书》中，孙中山指出片面追求船坚炮利，是舍本逐末的所为。欧美各国之所以富强，"不尽在于船坚炮利，而在于人能尽其才，地能尽其利，物能尽其用，货能畅其流。此四事者，富强之大经，治国之大本也。"只要做到上述几方面，"以中国之人民才力，而能步武泰西，参行新法，其时不过二十年，必能驾欧洲而上之。"《上李鸿章书》是一个在教育、农业、工矿业、交通运输业等方面学习西方以在中国实现近代化的方案。孙中山曾希望借上书李鸿章而打入社会上层，取得机会以施展自己改造中国的政治抱负，可惜这种和平改革的尝试最后失败了，他"知和平之法无可复施"，"积渐而知和平之手段不能不稍易以强迫"，逐渐就走上了寻求武力推翻清政府的道路了。

1895年10月，广州起义未及发动便告失败，孙中山及革命同志避走海外，陆皓东则为返回销毁党员名册不幸被捕，壮烈牺牲。消息传来，震动了整个翠亨村，村民无法理解这个年轻人为什么这么鲁莽地去闹革命。当时管理村务的乡正陆星甫更坐立不安，恼怒地说，这些年轻人发疯了，他们将使全村人丢掉脑袋的。他还担心清政府会追究他的责任。当时从檀香山回乡结婚的华侨陆灿，在他的舅公、唐家村的一

孙中山故居书房，《上李鸿章书》的初稿在此起草。

1912年5月27日，孙中山回翠亨村省亲，与家人合影于故居前。坐者左起：孙中山次女孙婉、宋蔼龄、卢慕贞、孙中山、孙眉、孙眉夫人谭氏，右一为孙中山长女孙娫。

个士绅的指点下，和陆星甫事前在翠亨村的周围布置带枪的村民，以防全村人被逮捕或被屠杀。当搜捕的清兵到达翠亨村时，尽力招待妥当，并假装带他们尽量绕弯路去搜查，按照清兵所走的路程给予丰厚的"报酬"。事实上，据陆灿回忆，来搜查的清兵似乎并无意深究此事，他们收了"报酬"之后，让村长把他们领到空无一人的孙家搜查，最后平静无事地离去。

而孙中山的亲属在广州起义之前，已经安排到了香港。在陆灿的仗义相帮下安全到达檀香山茂宜岛孙眉牧场居住。翠亨村的房子则由孙学成夫人程氏照料，程氏因害怕受到牵连，于是将孙中山读过的书籍及来往信函等全部付之一炬。此后的十多年间，孙中山被清政府通缉，更不可能有机会回翠亨村了。1910年10月，《香山旬报》（第76期）登载《梁领事又欲兴党狱耶》一文，就有这样的报道：驻檀香山领事梁国英"文行到县，据称邑属石岐人林云、梁海、梁于、梁长，崖口村人谭亮、谭葵，泮沙村人许发，翠坑村人孙文，在檀香山倡言革命，开设《自由新报》，运军械，供土匪。孙文胞兄孙微（眉）逃回九龙新界，种畜为名，接济外洋军械，窝聚土匪为实等语。邑令准此，恐其混回内地，有碍治安，已即移营扎一体密拿矣。"

直到1912年5月27日，辞去临时大总统的孙中山才再一次回到了他阔别16年的家乡翠亨村。当天晚上，在翠亨村孙宅门前的空地上，孙中山设筵宴请翠亨村及附近石门九堡的60岁以上的村民。据说过去只有男性才能参加这种宴会，而孙中山提倡男女平权，60岁以上的妇女也被邀请参加这次宴会。宴会中，孙中山还站在桌子上发表讲话，答谢乡亲父老对革命事业的支持，并对受清政府骚扰、迫害的乡亲表示衷心的慰问。次日，孙中山到南蓢墟祖庙参加当地民众的欢迎大会，并发表演说。欢迎会上乡民代表诵读了欢迎词，其中香山四大两都共进社林锡翰等致孙中山祝词中称：

前总统孙中山先生大驾旋里，本社同人，鼓舞欢欣，谨拜手而为之颂曰：公之兄弟，建不世之奇勋，争愿一望颜色，以餍崇拜之心，料先生关怀桑梓，必有至论伟略，使都人得享共和幸福也。

颂词表达了孙中山故乡人民对他的尊崇和敬爱，也反映出民国成立后

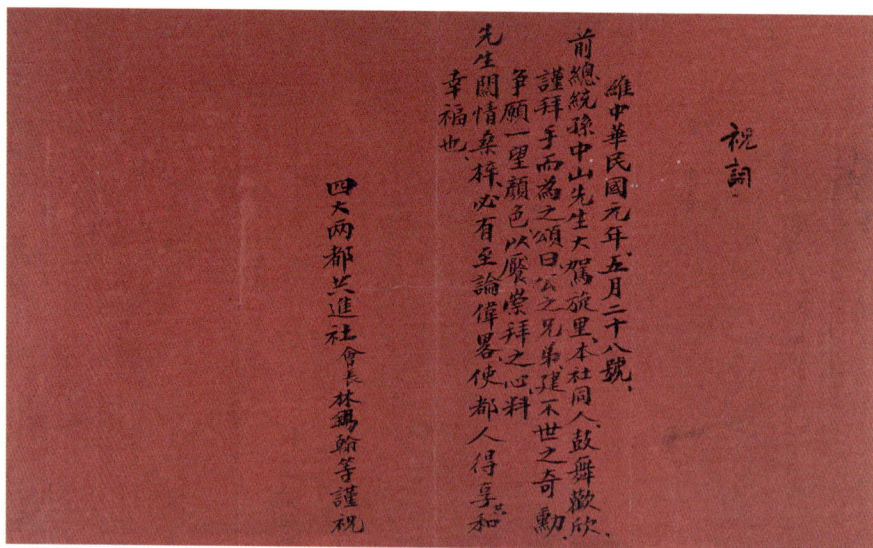

維中華民國元年五月二十八號，

前總統孫中山先生大駕旋里本社同人鼓舞歡欣，謹拜手而為之頌曰公之兄弟謹不世之奇勳

爭願一睹顏色以慰瞻拜之心料

先生閒情桑梓必有至論俾暑使都人得享和

幸福也

四大兩都共進社會長林錫翰等謹祝

祝詞

民国元年（1912），孙中山回乡省亲，四大两都共进社林锡翰等的欢迎祝词。

1912年5月28日，孙中山（前排左六）携家眷到南蓢左埗村孙氏宗祠拜会宗亲并合影留念。

共和观念已深入人心。其后孙中山又携家眷到南蓢左埗村孙氏宗祠拜会宗亲；到县城石岐仁山广场发表演说，并和各界人士开茶话会。

　　这是孙中山一生中最后一次回乡。因为奔波革命，而过去交通也远远没有今天方便，此后他再也没有回过翠亨村。但孙中山仍时时资助故乡公益事业及贫穷亲友，1919年，孙中山致信元配夫人卢慕贞，信中写道："乡中学堂今年之费，并所开列接济穷亲之费，每年当如数寄回，所应赒恤之人，由夫人酌量便是。兹汇来沪银三千元，申港银三千余元，照单察收可也。"1921年6月20日《香山铁声报》有《翠坑乡之宗教教育》的报道：翠亨村培正分校1919年后，"校中款项，全由孙总统捐助。"1921年，孙中山在广州任非常大总统时，翠亨村民代表陆献山、杨灿文等到广州，请他从政府经费中拨款兴建翠亨学校的校舍。孙中山在热情接待乡亲之余，表示办学要靠群策群力："满清是我们民众合力推翻的，希望你们各人都来出钱出力，合力来办好学校。"孙中山并题字"后来居上"送给他们以作勉励，此后这幅题字一直悬挂在翠亨杨仰仙祖祠里。

　　孙中山一直希望有机会再回故乡。1917年夏秋间，孙中山致信元配夫人卢慕贞，写道："现在事情尚未妥当，我未能定期回乡。可传知丁财叔出省城见我，得以交带他，先修理好乡间之屋，并办理下乡中之事。待我事妥当后，当亲自回乡一转。"1918年7月4日，孙中山在给儿子孙科的信中，也讲到"若时机适宜，父当回乡一住，以遂多年之愿。"

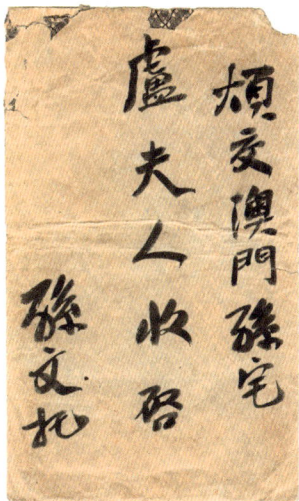

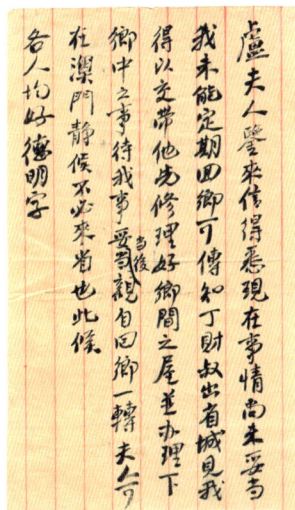

1919年夏秋间，孙中山致卢慕贞函。

设于翠亨兰桂陆公祠的翠亨广州培正分校旧貌

1921年2月18日，孙中山、孙科参加翠亨乡同人恳亲会与乡亲摄于广州。前排右四孙中山、右一孙科、右三陆兰谷，后排左二杨殷。

1921年，孙中山为故乡翠亨学校所题的"后来居上"横幅。

1919年，孙中山致卢慕贞函。

孙中山亲属后裔与翠亨

　　孙中山大哥孙眉比孙中山年长12岁，很小就挑起家中生活的重担，十五六岁时便到南蓢墟侨商程明桂家中打工。17岁随母舅杨文纳到檀香山谋生，后来成为檀香山茂宜岛的大牧场主，也成为家庭的主要经济来源。1877年，孙眉更趁回乡结婚的机会，与共事者在翠亨设移民事务所，组织同乡到檀香山谋生，据说"一时应者甚众，同时更租一大帆船，载此项移民数百人以往，在檀之老华侨莫不惊其魄力之伟大焉。"1884年，香港基督教美部会牧师喜嘉理到翠亨村传教，得到孙中山一家的热情款待，喜嘉理后来回忆："观其室居服御，知其为殷裕之家，资产在中人以上，殆由其兄营业发达之所致也。"

　　在孙眉的资助下，孙中山得以接受比较系统的西方教育，为他成为一个现代民主革命家奠定知识基础。从兴中会的筹组成立开始，孙眉对孙中山的革命活动从金钱、精神到行动都助力甚大。孙眉利用在檀香山的人际关系，帮助孙中山组织革命团体和筹募经费，并担任兴中会茂宜分会的主席。广州起义失败后，孙中山家属安居孙眉的茂宜牧场，使孙中山免除革命的后顾之忧。孙中山从事的革命活动并不为家人所完全理解，母亲杨太夫人曾问孙中山说："革命目的在救人，行医目的亦在救人，第是救人，何必东奔西跑，自寻烦恼？"孙眉则宽慰母亲："行医只能救少数人，革命则能救多数人，吾弟奔走革命多年，自应始终一贯，岂可轻易变更，前功尽弃。"孙眉更为革命，不惜资财，

1910年10月2日，孙眉致孙昌函，讲述因参与革命运动被香港政府驱逐出境的情况。

1911年，孙眉签押的中华国军需票。

最终结束檀香山的牧场，携家眷回香港以务农为生。孙眉性情粗豪，有"生张飞"的外号。孙中山十分尊敬这位严父般的长兄，宫崎滔天的女儿宫崎槌子曾回忆在家中所见的一幕："不知道为了什么事，孙德彰先生在大骂孙先生。孙先生被乃兄责骂，一言不发，一直默默地在恭听乃兄的话。"

1910年，孙眉因在香港参与革命运动被驱逐出境。同年11月，他参加马来西亚槟榔屿会议，策划广州"三·二九起义"。12月潜至广州湾（今广东湛江），易名黄镇东，任同盟会南方支部副支部长，组织民军响应武昌起义。1912年1月1日，孙中山就任临时大总统，广东有一些人士力举孙眉出任广东都督。1912年2月21日，孙中山电劝孙眉不要从政，说：

> 粤中有人议举兄为都督，弟以为政治非兄之所熟习。兄质直过人，一入政界，将有相欺以其者。未登舞台，则众人属望，稍有失策，怨亦随生。为大局计，兄宜专就所长，专任一事，如安置民军、办理实业之类，而不必当此大任。且闻有欲用强力胁迫他人以举兄者，以此造因，必无良果，尤不可不避也。

1912年5月底，辞去临时大总统的孙中山回乡省亲，和孙眉等家人在故居门前合影一张。孙中山又和孙眉等到南蓢左埗村孙氏宗祠拜访宗亲。孙眉与左埗村村民孙锦芳曾合议建筑孙氏宗祠，但因建设地点是在左埗还是翠亨而争议不决，最终未果。孙眉接受了孙中山的意见，不再过问广东政治，约集海内外同志，提倡实业，以裕民生。1912年底开办香山合胜公司，承顶经营香山恭都鸡拍义合蚝塘。孙眉在翠亨威望甚高，得到附近村民的信赖，凡发生口角相争，或因分财产不均的争执，都上门请求他帮助排解。翠亨村与攸福隆村交界的石壁坑水道，立有1929年12月中山县公安局局长郑卓所立的分水布告碑，记载了孙眉在1912年8月召集翠亨、攸福隆两乡公议清分石壁坑水道水源的事情，碑文如下：

> 事照得石壁坑水道，前经孙寿屏公于民国元年八月一日召集翠亨、攸福隆两乡公议清分，用完成长石条分凿两同样水口，出水各占其一，以免互争，并立石界为据。乃攸福隆近有无知，图翻前议，将翠亨村应得水口堵塞，因此讼争半年，案悬莫结。现该两乡均愿和

1912年5月14日，孙眉等孙氏亲友赴香港九龙百花林拜谒母杨氏墓合影。后排中间穿西服者为孙眉，孙眉侧穿吊带裤者为孙科，前排左三陈粹芬、左四卢慕贞、左五孙眉夫人谭氏。

孙眉晚年与朋友合影

解，先后派出代表来局，请求作证理处，并□□给示，以杜纷争，等情前来，当经传集到局，晓以利害，双方均愿遵照孙寿屏公前所经手划分之界址及办法办理，以敦乡谊，并由翠亨全权代表杨葆常，佽福隆全权代表甘其钊、其英、善英、俊贤、其森、霭廷等，于十一月廿六日在局共立同样合约三张，约内绘具划分该水界详图，一张存本局备案，其余二张分交该两乡收存，以资信守。诚恐日后或有争执，合将办理本案情形勒石立碑，以垂永久而杜互争。嗣后倘有堵塞水口或妨碍水源，播弄纷争，一经查确，定即拘案严究。

1913年前后，孙眉主持扩建翠亨家中的厨房、浴室、厕所等，并从澳门购回西式搪瓷浴缸及自来水管配件，计划从附近山上引山泉水入屋。

孙眉晚年寓居澳门，一批当年跟随过他的革命党员也住在那里，由孙眉负责他们的生活。1914年，孙眉协助孙中山筹款讨袁，并以澳门风顺堂四号的寓所为联络点。1915年2月，孙眉在澳门去世，因当时"国是未定，饰终之礼犹缺"，暂葬于澳门旧西洋坟场。1934年，孙眉墓自澳门迁葬翠亨村犁头尖西南半山腰，墓碑左右刻对联："马鬣崇封思祖德，虎头毓秀表元勋"。墓西有中国国民党中央执行委员会所立、汪兆铭手书的"孙德彰先生墓表"。

1915年2月11日，孙眉病逝于澳门。1934年，迁葬于家乡翠亨犁头尖山麓。

中国国民党中央执行委员会所立、汪兆铭手书的"孙德彰先生墓表"

孙眉独子孙昌

1904年，孙中山与孙昌（右）合影。

　　孙眉与夫人谭氏（1862～1938）生有独子孙昌。孙昌曾拜梁启超为师，就读于东京大同学校。1910年加入同盟会，在美国加州积极参加同盟会活动。1912年奉孙中山之命从美国返回澳门，后在广州警察厅任职。1914年加入中华革命党，与陈耿夫、苏从山、李安邦等在香港、澳门设立秘密机关讨伐龙济光，在故乡香山征发各乡枪械，组织民军讨袁。后来因所统领的武装滋扰地方，造成乡亲的不满，被孙中山所知。1916年6月，孙中山从上海致信孙昌，着令孙昌迅速解散所部民军，并由唐绍仪派人回香山与夫老协商解决，信中说：

　　闻汝举兵于乡，多有扰及闾里，致父老责有怨言，此在袁氏未死之时，人人有讨贼之任，尚可为汝曲谅。今大盗已去，汝当洗甲归田，毋久为乡里之累，方表大公无私，否则难免乡人之责难也。见信之日，务要即将所部遣散，并将所征发各乡之枪械器物交还原主，至于解散费，今由唐少川先生派专人回乡与父老协商公平。发信给汝，当惟众议是从，不得留难抗阻，否则叔惟有置汝于不理，任由乡中设法对待，恐汝无容身之地也。汝宜思之慎之，毋违叔命。

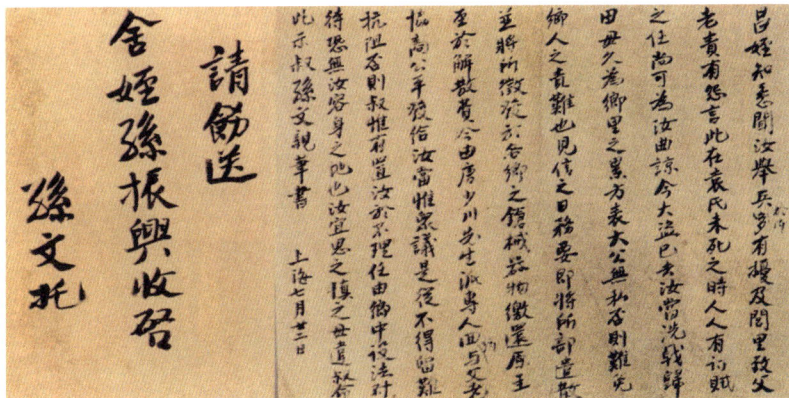

1916年6月，孙中山从上海致信孙昌，着令孙昌迅速解散所部民军，不要滋扰家乡父老。

1917年，孙昌参加护法运动，任海陆军大元帅府别动队司令。同年11月20日，奉孙中山命乘船押送军饷赴广州黄埔，因事先未与海军联系，误入海圻舰警戒线，遭海军炮击，溺水殉职。1933年，迁葬于翠亨村犁头尖山麓，墓坪有孙中山亲笔所题"为国捐躯"石挽额，墓前东侧立有孙科手书的"从兄昌墓碑"。2000年11月，中山市人民政府公布孙昌墓为中山市文物保护单位。孙昌娶妻王金顺，育有二子：孙满、孙乾。1946年11月，孙乾担任中山县县长，也时偕岳母陈粹芬、妻子苏仲英及家眷回乡。

陈粹芬（1874～1962）在孙家的身份颇为"特殊"，她是福建人，在香港出生，1890年前后认识孙中山。1895年10月，广州起义失败后，她随同孙中山流亡海外，与孙中山共同生活，照料孙中山的起居饮食，使孙中山全心投入革命。她也经常接应革命同志，替他们洗衣、做饭，照顾大家的生活，同时还为革命同志密运军火，传递消息，深受敬佩，堪称是孙中山先生的革命伴侣。陈粹芬的不计名份、默默奉献，深得孙家人敬重，孙中山的元配夫人卢慕贞与陈粹芬情同姐妹。陈粹芬养女苏仲英于1937年与孙中山的侄孙孙乾在意大利结婚。从辈分来看，苏仲英是孙乾的姑姑，卢慕贞十分反对这段婚姻，后来在孙科的支持下，有情人终成眷属。孙乾任中山县县长期间，陈粹芬随女婿住在中山石岐。1949年，陈粹芬迁居香港颐养天年。1962年10月21日，陈粹芬在香港去世，享年88岁。1992年6月，孙乾把陈粹芬遗骨迁回翠亨谭家山安葬。

坐落于翠亨村北犁头尖山麓的孙昌墓

孙中山为孙昌题写的"为国捐躯"挽额石刻

从兄昌墓碑

兄讳昌，字建猷，貌颖与先伯父德彰公之娅嗣也，生於檀香山。幼游作侠尚义，不屑屑於章句之学，弱冠留日本，旋游其二嫂氏元师国随赴义。师则雅德则，二次革命以重蹈法之役，多所赞助。先兄於海军驻黄埔军中，随居下开军操。粤黄埔海军云集於校基倚重参战时衔光。二年举菜营期末及通知舟小艇回身怀振海军，侧身重逯隐入海。营桥军光期末及回身怀振，黄埔海军云集为减贼细散域，参时衔光。卒跳入舟旁小艇，回身怀振弹，毙贼一人，亦陨其身，卒於中华之淮中。兄命仑重。以不起，卒纸三十有三矣。人王氏早云遗二子一名濒没沦淳之淮中华国。经济委员会专员一名范庭今在参本部服务宏岁晚营思先兄孝国瘁亡永怀大忠功在国会专员一名范庭今思之犹有余痛窀穸先兄瘁国。安用书其崖略以示後之人许以鉴孝�永怀焉

中华民国廿四年四月　孙科书

孙中山与陈粹芬合影

陈粹芬（左三）与苏仲英（左二）在孙中山故居

1935年，陈粹芬（三排左一）与卢慕贞（三排左二）、孙娫（四排左二）等合影。

孙妙茜在孙中山故居门前留影

孙中山胞姐孙妙茜（1863～1955）与孙中山感情甚深，小时候两姐弟经常一起上山打水、砍柴和做农活。当看到姐姐孙妙茜年纪较大还被母亲强行缠足而苦不堪言时，孙中山一再向母亲央求说："为什么姐姐的脚好好的，要用布把它包扎起来呢？姐姐痛得这么厉害，不包不可以吗？"母亲无可奈何地回答说："这是传统习俗，是不能违背的。假如我们不替你的姐姐缠足的话，她长大之后是要埋怨我们的。"因为在当地只有客家妇女才不缠足的，如果本地妇女不缠足的话，长大之后就很难嫁到好的夫家。孙妙茜后嫁同县隔田乡启运里（今中山市南朗镇崖口杨家村）杨紫辉为妻。孙妙茜曾长期管理孙中山故居，妥善保存了有关孙中山家族历史的《孙氏家谱》、《列祖生没纪念簿》、《孙达成兄弟批耕祖尝山荒合约》、《翠亨孙氏祖尝账册》等一批珍贵文献，并积极宣传孙中山的革命精神，向史家叙述过不少关于翠亨孙氏家世及孙中山早年事迹的史实。民国年间，各地党政名流及游客到访孙中山故居，多由孙妙茜接待，并留下多帧珍贵的摄影传世。革命元老、著名诗人和书法家于右任参观孙中山故居后，曾撰有《谒翠亨村》诗三首，其二为："犹有遗闻寡姐传，墙隅手种树参天。井傍两世降生地，老屋翻修三十年。"诗中"寡姐"所指就是孙中山胞姐孙妙茜。孙中山胞妹孙秋绮（1871～1912）嫁同县榄边乡西江里村旅美华侨林喜智为妻，生女林耀梅、子林帝镜。林耀梅曾跟随在孙中山、宋庆龄的身边，照料他们的起居生活。

1930年，孙妙茜（坐者）与子孙在孙中山手植的酸子树下合影。

1935年，辛亥武昌起义志士喻育之等参观孙中山故居后与孙妙茜合影。坐者为孙妙茜，左七为喻育之。

孙中山元配夫人卢慕贞晚年照片

孙中山的元配夫人卢慕贞（1867～1952）是一位富有传统观念的贤妻良母。据孙妙茜回忆，卢慕贞在私塾中也读过几年书。1884年，喜嘉理牧师和孙中山一起从香港到香山县，顺道访问翠亨村，受到与孙中山新婚不久的卢慕贞热情接待，留下深刻的印象。孙中山在香港读书及在澳门、广州、石岐行医期间，时时回翠亨与夫人小聚，这大概是卢慕贞一生中生活最优裕、安定的时期。之后，孙中山为革命在外奔波，夫妻聚少离多。广州起义失败后，卢慕贞携子女与孙母杨氏避居于檀香山孙眉处，后又徙居香港、马来西亚槟城等地。卢慕贞虽然没有直接参与革命活动，但她在孙家操持家务、侍奉翁姑、抚育子女，免除孙中山的后顾之忧，同样为革命作出贡献。1912年2月，卢慕贞和两女儿等在邓泽如的护送下抵达南京，与孙中山团聚。3月25日，卢慕贞离开南京返翠亨村居住。是年8月，孙中山应袁世凯邀请访问北京，卢慕贞也随行。"二次革命"失败后，孙中山到了日本继续进行艰难困苦的革命事业，从美国归来的宋庆龄担任了孙中山的英文秘书，给颠沛流离的孙中山以极大的支持，并产生了感情。1915年9月，卢慕贞在日本与孙中山协议离婚。孙中山与卢慕贞离婚后，仍然承担她的生活费用，并通过卢慕贞去周济乡亲和处理家乡事务。卢慕贞有疑难也会征询孙中山的意见。孙家上下仍把卢慕贞看做家族中的一员及长辈。孙中山写给卢慕贞的信每每称她为"科母"，自己则落款"科父"或是与卢慕贞结婚时所起的字"德明"。卢慕贞晚年长居澳门，信奉基督教。1924年被推选为澳门基督教浸信会会佐。1925年孙中山去世后，她秉承孙中山遗愿，尽力照顾孙氏族人，协助解决乡间困难和纠纷，深得乡人敬重，被尊称为"孙太夫人"或"卢太夫人"。卢慕贞一生对人慈爱友善，生活俭朴，熟悉她晚年生活的人回忆说：

卢慕贞梳妆使用过的镜箱

1912年5月，孙中山夫妇与子女和宋蔼龄合影。坐者为孙中山、卢慕贞，后立者左起为孙娫、孙科、宋蔼龄、孙婉。

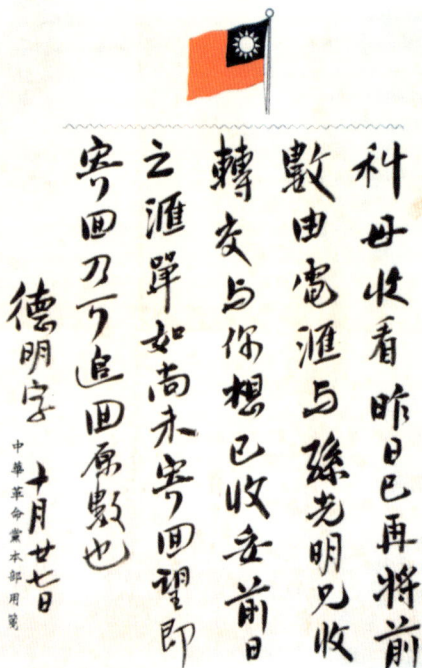

1915年10月27日，孙中山致卢慕贞函。

　　卢太夫人的生活是很简朴的，人家吃什么，她也吃什么，日常决不会因为菜蔬的好坏或者肉类的多少而发脾气。谈到衣着，也是如此，她是不愿意穿什么侈华的衣服的，有时亲戚想做一两件衣服给她，她都婉辞了。不论在任何地方，她都没有架子，因此家中也就没有呵斥奴仆的事。有的时候她会拿起小菜篮子去买菜，照实说，她尽可以坐在家中安享清福。她的日常起居很简单，平日早睡早起，也很注意摄生，她从不喝酒，也不吸烟，茶楼酒肆，甚至戏院中，都很少她的足迹，她的最大志趣就是读经和祈祷。

　　卢慕贞虽长居澳门，仍不时携家人回翠亨小住。村中老年村民回忆昔日孙中山的诞辰和逝世的纪念日时说，卢慕贞及孙家的亲属常会回翠亨故居参加纪念活动，每逢春节还给前来拜年的乡亲发红包。

1938年，中山沦陷前，卢慕贞及女婿戴恩赛主持把翠亨孙中山故居内的家具等物品全部搬到澳门文第士街的孙公馆存放，抗战结束后才搬回翠亨。同时他们还把日本人梅屋庄吉赠送给翠亨孙中山故居的孙中山演说铜像也一并移到澳门孙公馆花园供各界瞻仰，战后这尊铜像仍然留在澳门，直到今天。

抗战期间，翠亨村虽然并不像其他地方那样备受日军、伪军的骚扰，但地方宵小仍时时捣乱，卢慕贞闻知翠亨村总理故乡纪念中学校被人破坏，家乡山林被偷伐，曾去信五桂山抗日游击队，要求查办破坏者，并给予严惩。抗战初期，中山县在县城召开抗日救国群众大会，卢慕贞给予热情支持，亲临抗战誓师，鼓舞士气。1941年，中国共产党领导的抗日游击队在五桂山开辟了抗日根据地，曾多次派人到澳门开展抗日民族统一战线工作，卢慕贞都给予积极的支持。她和孙中山姐姐孙妙茜一起，曾帮助抗日游击队在澳门购买枪支弹药、药品和医疗器械，并为将伤员送到澳门治疗提供方便。

1947年8月，卢慕贞八十大寿。中山县政府在香山县城石岐举行"中山县各界庆祝孙母卢太夫人寿辰暨欢迎孙副主席旋邑张主任罗主席莅邑大会"。时任国民政府副主席的孙科携家眷回乡为母亲在翠亨举行盛大的祝寿活动，广东省政府副主席罗卓英、省参议会议长林翼中、省党部主委余俊贤以及张发奎、余汉谋、祝秀侠等省、市、县各级官绅和港澳百多个社会团体的代表均到翠亨祝寿，一时间翠亨村冠盖云集，筵开数十席，盛况空前。

1952年9月7日卢慕贞在澳门病逝，享年85岁，原葬于澳门，近年在其亲属主持下迁葬翠亨村犁头尖山麓。

孙科为庆祝母亲卢慕贞七十寿辰订制的"建华堂制"款孙太夫人七秩寿庆碗

1947年，孙科夫妇回乡庆祝卢慕贞八十一大寿时摄于故居前。右一孙科、右四陈淑英。

1947年，孙科夫妇回乡庆祝卢慕贞八十一大寿时在故居水井前合影。左三孙科、左四陈淑英、左抱小孩者孙治平。

1947年，卢慕贞回乡祝寿，与各界来宾及亲友合影于孙中山故居前。前持扇者为卢慕贞。

卢夫人与孙中山结婚后，生子孙科，女孙娫、孙婉。长子孙科（1891～1973）早年在美即参加孙中山领导的民主革命，曾三任广州市长，对广州市政建设贡献良多；又曾任国民政府交通部长、财政部长、建设部长、铁道部长、行政院长、国民政府副主席兼立法院院长等职。孙科多次回故乡翠亨村，并主持筹建总理故乡纪念中学校（今中山纪念中学）。孙中山长女孙娫（1894～1913）出生于翠亨村，1895年10月，孙中山策

1912年5月，孙中山三个子女孙科（中）与孙娫（左）、孙婉（右）合影。

划的广州起义失败后，随母避居檀香山孙眉处。1907年，又随母迁居香港九龙牛池湾。1910年，与母离开香港赴马来西亚庇能（今槟城）与父亲相聚。1912年2月，离开庇能回国赴南京与父亲团聚。同年4月随父访沪、鄂、闽、粤等地。同年7月与兄孙科、妹孙婉同赴美国求学。1913年3月，因患肾病回澳门疗养。1913年6月26日，因肾病不治在澳门去世。1932年，迁葬于翠亨村附近的谭家山孙族坟场。孙中山次女孙婉（1896～1979）出生于檀香山，巧合的是，孙中山与这个小女儿是同月同日而生，相差刚好30岁。1915年，孙婉与王伯秋在美国结婚，生女王纕蕙、子王弘之，后离异，随母定居澳门。1921年3月，与戴恩赛在澳门结婚，生女戴成功、子戴永丰。1979年6月10日，孙婉在澳门镜湖医院病逝。1989年4月15日，迁葬于香港华人基督教会薄扶林道坟场。

1918年3月，孙科回乡时与香山县各界人士合影。

1947年8月，中山县各界恭祝孙母卢太夫人寿辰及欢迎孙科副主席旋邑大会摄影。前排左四孙科，左三陈淑英，左五孙乾，左二苏仲英。（中山市档案馆提供）

1930年前后，时任铁道部长的孙科在家乡翠亨村与亲友合影。坐者右起：孙科、陈淑英、卢慕贞、孙眉夫人谭氏、孙妙茜。

孙中山与宋
庆龄合影

孙中山与宋庆龄于1915年10月在日本结婚。婚后，夫妇几次欲回故乡翠亨村一行，但都因各种原因未能实现。直到1948年，宋庆龄才一偿心愿。当时随行的廖仲恺女儿廖梦醒在1980年冬天向翠亨孙中山故居的工作人员追忆说：

> 1948年中国国民党革命委员会在香港成立，李济深当主席，推选宋庆龄为名誉主席。因她当时身体不适，没有出席会。相隔约半年，宋庆龄去香港会见国民党革命委员会成员，讨论各项工作，在香港停留几天，便决定经澳门返翠亨村一行。当宋庆龄回到翠亨中山故居时，愉快的心情尽溢脸上，并四处走动，笑着说："先生（指孙中山）于1918年离开广州大元帅府到上海时，计划带我回翠亨一行的，不遂心愿；1923年初，从上海回到广州当大元帅时，又想带我回来一行，也丧失了机会，今次大快我心，终于了却我的心愿了。"当时陪同的有何香凝等，众人在故居走了一周，又在故居门口站立一会儿，逗留个半小时左右，才驱车返澳门。

新中国成立之后，宋庆龄对孙中山故居的保护和管理十分关心。1956年孙中山故居纪念馆成立后，工作人员几乎每年都写信向宋庆龄汇报孙中山故居的保护和陈列展览情况。1959年8月，宋庆龄为孙中山故居纪念馆题写了"中山陈列馆"及"中山故居公园"的题字。1962年5月，宋庆龄再次题写了"孙中山故居"及"孙中山故居陈列馆"的题字。据李伯新先生回忆：1980年，孙中山故居纪念馆重新筹备布置孙中山生平史迹的展览，为此，专门把起草的陈列大纲寄请宋庆龄审阅。宋庆龄曾主动寄来孙中山的文集及她亲自主持布置的上海孙中山故居的资料，使翠亨孙中山故居有了很好的借鉴，解决了工作中遇到的不少难题。原放置于孙中山故居陈列馆序厅的孙中山汉白玉雕像，是由著名雕塑家曹崇恩教授创作的。这个胸像反映的是孙中山先生1912年前后的形象，头发比较厚，胡子也比较浓，比孙中山晚年的照片形象显得更威武和英俊。雕像完工后，纪念馆的工作人员把该雕像的照片送宋庆龄审阅。宋庆龄问，这个雕像是否她与孙中山结婚前的形象，如是就对了。她与孙中山结婚后，孙中山就没有再留胡须。孙中山故居纪念馆与广东省社会科学院、中山大学一起为纪念辛亥革命

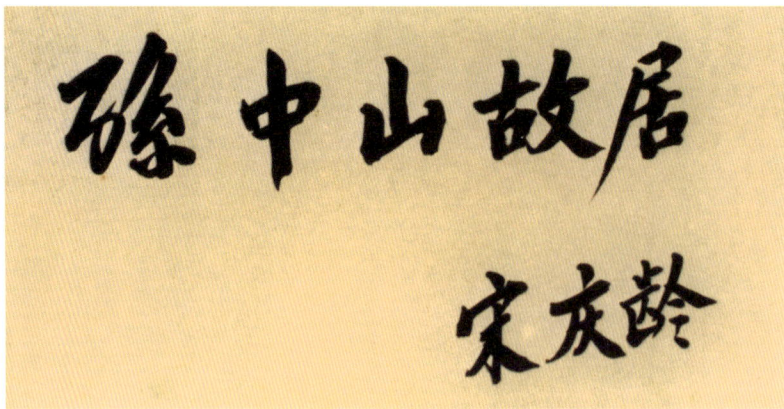

1962年5月，宋庆龄题写的"孙中山故居"手迹。

七十周年而编印大型的孙中山纪念图片集，编辑过程中也得到宋庆龄的大力支持，她把珍藏于上海孙中山故居的珍贵照片提供给图片集的编辑小组挑选，这些照片许多是原版照片，宋庆龄都在上面注明摄影的时间、地点和照片中人物的名字，一般轻易是不给别人查阅的。宋庆龄一直想找机会再到翠亨村孙中山故居，但由于国事繁忙及健康关系，始终没有实现这一夙愿。1981年3月，宋庆龄派三名身边工作人员到翠亨村，拍摄大量孙中山故居的照片，以此表达对孙中山和孙中山故居的思念之情。

　　有意思的是，近年广东省档案馆披露了一封1958年1月30日宋庆龄就翠亨村孙中山故居汇报的工作总结及计划而写给当时中共广东省委的信函，宋庆龄在信中认为：根据工作总结，孙中山故居的工作着重于征集文物，但实际上孙中山故居只需保持孙中山生前布置陈设的原状即可；而搜集文物、陈列资料可以由省、市方面文史机关负责，这样，孙中山故居既可省不少征集资料费，同时在省市陈列更便利各方远赴翠亨参观；孙中山故居的工作计划中提到扩大陈列室和接待室的建议，根据上述理由，"该筹集建造费用三千多元大可节省"，以支援国家的工业建设，"同时也是孙中山生前力崇俭约的作风"。

珠江三角洲水网纵横，直到20世纪70年代末，从广州到中山，途中仍要经过六七个渡口，交通不便可想而知；50年代末，正是三年困难时期的前夕，国家需要集中资源进行社会主义建设，宋庆龄有这样的看法可以理解，也正体现老一辈革命家着眼全局、心系国家、勤俭节约的作风。今日的珠江三角洲交通四通八达，京珠高速与省道从翠亨村旁经过，到广州及珠海、澳门等地车程不过一小时左右，广珠城际轻轨即将通车，其中也设有翠亨站。中山处于改革开放的前沿，成为广东经济发展"四小虎"之一。孙中山故居纪念馆也成为全世界最重要、最有影响的孙中山纪念地之一。想必宋庆龄也是乐见孙中山故居纪念馆今天的发展的。

　　宋庆龄一贯关注妇女儿童福利及教育事业，翠亨村中山纪念中学为纪念孙中山先生而建立，在现在保存下来的多封信函中，都可以感受到宋庆龄给予中山纪念中学师生的关怀、鼓励与期望。1963年11月6日，宋庆龄致中山纪念中学江士骅校长及全体师生员工的函中表示："你们来信中说，如果有机会去南方的时候，顺道看看你们。我一直在这样想，很想看到你们，将来有机会到广东，一定看你们"，还勉励他们"在各自的工作岗位上，做个永不生锈的螺丝钉"。1964年10月22日的信中，勉励中山纪念中学师生"争取在祖国的教育事业中作出更大、更多的贡献"。1965年1月，宋庆龄致中山纪念中学全体师生函中，要求教育工作者和青年学生"发扬革命先辈那种大无畏的革命精神，积极做好工作，学好科技文化知识，练好身体和杀敌本领"，并祝师生们在教育革命中取得新的成绩。1976年11月4日，宋庆龄复函感谢中山纪念中学在孙中山先生诞辰110周年之际给予她的慰问，在信中她勉励纪念中学的师生，在打倒"四人帮"之后，"办好中山纪念中学，使它不愧为纪念孙中山的学校，不愧为毛主席开创的社会主义革命事业下成长起来的学校。"1978年6月10日，宋庆龄应学校的请求题写了"中山纪念中学"的校名。1978年11月，宋庆龄把美国夏威夷意奥兰尼学校为纪念孙中山而赠送的一面三角旗转赠中山纪念中学，并建议由学校图书馆保存。她还特地说明，这类三角旗在国外是钉在墙上的。1979年3月13日，宋庆龄致函中山纪念中学，转去夏威夷城市建筑有限公司总经理钟大卫（David C.Ai）在他父亲创立的钟工宇基金捐给该校"作为孙中山先生和钟工宇先生两人友谊的纪念"的1000美元支票，函中还特别叮嘱"请你们给他写回信"，"你们的回信，由我签名"。中山纪念中学

中山纪念中学逸仙堂前的汉白玉孙中山雕像

为实现捐赠者的心愿和铭志宋庆龄对该校的关怀，决定用此项捐款雕刻一尊孙中山汉白玉雕像作为纪念。这座雕像现坐落于该校校园中轴线中部。1979年10月31日，在获知中山纪念中学被列为对外开放参观的学校后，宋庆龄致函中山纪念中学全体师生，谓："通过接待，使建校的精神，使你校实现党的教育方针为国家培养人才，得以传播。"1980年11月4日，宋庆龄复函中山纪念中学全体师生、职工，对他们在孙中山诞辰114周年和建校46周年前夕的来信万分高兴，并向他们致谢和表示祝贺，信中说："中山纪念中学被保留为广东省重点中学，这是光荣，也是一项任务，当然是我高兴知道的。教育事业在祖国现代化建设中是非常重要的。我们要认识到这一重要性，全力以赴地完成任务。""尊师守纪，勤奋学习的校风与学风在逐渐恢复，这也是我高兴知道的。望进一步恢复这一风气并使之发扬。""学生升学率的提高，也是一件令人高兴的事。要进一步提高，让学生成为德、智、体全面发展的、为四化建设需要的人才。"

改革开放后，中山纪念中学没有辜负宋庆龄的殷切期望，无论校园面貌还是教学质量都取得长足的发展，成为广东省首批省一级学校和首批国家级示范性高中，为国家培养了数以万计的优秀人才。

1996年11月，孙中山亲属后裔参加孙中山先生诞辰130周年纪念活动时在孙中山故居前留影。

2001年11月，孙中山长孙孙治平（前排右二）偕亲属回乡参观留影。

孙中山家族世系表

- 孙常德
  - 孙贵荣
    - 孙礼和
      - 孙受 — 孙能
      - 孙广 — 孙通
      - 孙晟 — 孙玄
        - 孙祢儿
        - 孙祢宗
          - 孙桂廷
          - 孙日昌
          - 孙耕隐 — 孙怀堂
          - 孙容窝
    - 孙礼忠
    - 孙礼裡
  - 孙贵华
  - 孙贵绍
  - 孙贵武
- 孙派清 — 孙直吾
- 孙派源 — 孙直尚 — 孙瑞英
  - 孙连富
  - 孙连德
  - 孙连昌 — 孙迥千
    - 孙殿侯
    - 孙殿朝 — 孙恒辉 — 孙敬贤
- 孙达成
  - 孙眉
    - 孙昌
      - 孙满
        - 孙元
        - 孙绍如
        - 孙丽贤
        - 孙爱娜
        - 孙杰 — 孙敬
        - 孙雅丽
      - 孙乾
        - 孙必胜
          - 孙伟伦
          - 孙慧珍
        - 孙必兴
          - 孙伟国
          - 孙少英
        - 孙必达
          - 孙伟勇
          - 孙伟刚
        - 孙必成
          - 孙凯玲
          - 孙伟明
        - 孙嘉穗
        - 孙必立
          - 孙珮莲
          - 孙珮玉
    - 孙顺霞
    - 孙威
    - 孙细银
  - 孙金星
  - 孙典
  - 孙妙茜
  - 孙中山
    - 孙科
      - 孙治平 — 孙国雄
        - 孙美玲
        - 孙美兰
        - 孙美莲
        - 孙伟仁
      - 孙治强
        - 孙嘉琳
        - 孙嘉瑜
        - 孙国元
        - 孙国升
      - 孙穗英
      - 孙穗华
      - 孙穗芳
      - 孙穗芬
    - 孙娫
    - 孙婉
  - 孙秋绮
- 孙学成
- 孙观成

百年人物

陆皓东 *为共和革命而牺牲者之第一人*

1867年9月12日，陆皓东生于上海，因为出生的那天恰好是农历八月十五中秋节，桂花飘香的时候，所以陆皓东的小名叫中桂。陆皓东的父亲陆怀昕，字廷汉，号晓帆，在翠亨村长大，成年后赴上海谋生，开始时在上海的洋行做师爷，从事货物转手贸易，后来赚到钱也做自己的生意，并寄钱回翠亨建屋及买地。陆怀昕娶有二妻一妾，生四女一子。陆皓东的生母王氏是陆怀昕的元配夫人，翠亨村附近的泮沙乡王屋村人。

据陆皓东后人回忆，陆皓东的父亲陆怀昕逝世前在上海时是与郑观应合伙做生意的。陆灿所撰《陆皓东公事略》也说"前沪宁铁路总办、旅沪邑人郑陶斋君钦仰其人，认为谊子。"郑陶斋就是郑观应。有不少史学家猜测孙中山与郑观应的结识是由陆皓东介绍的。但是这些说法现在都无从考证了。

在陆皓东11岁的时候，陆怀昕在上海病逝。1878年，陆皓东随母亲护送父亲的灵柩第一次回到故乡翠亨村。安葬父亲之后，陆皓东遂随母在翠亨村定居。陆皓东的童年在上海度过，这个时代正是上海走向近代化的一个重要时期。我们无法知道陆皓东童年时代在上海的具体生活，但是在上海这个近代城市的生活给予了陆皓东丰富的阅历和开阔的眼界。从小在翠亨村长大的陆灿当时对从上海回来的陆皓东有如下观感：

陆皓东童年时与家人合影。右起陆皓东、父亲陆晓帆、母亲王金月。

孙妙茜与陆皓东之母王金月（右）在孙中山故居酸子树下合影

对我们其他小朋友来说，陆皓东有些特别。他出生在大城市上海，比起我们，可谓见多识广。他是一个优秀的学生，聪明的艺术家，还具有某些音乐家的气质。他的观点非常进步，和帝象一样，不满村民对满洲政府的畏惧和麻木。他敏捷、活跃，有一双明亮的眼睛和无穷的好奇心，一旦被激发，就有狂热的忠诚。

陆皓东不久就进入设于冯氏宗祠的翠亨村村塾读书，和孙中山成为同学。他们志趣相投，性情相似，一样的聪明，一样的勇于对世俗表示反抗，成为终生好友。

少年时代的陆皓东就多才多艺，"通群经能文章，精图画音乐及机器。"尤其是绘画，更是他从小就喜欢的。在翠亨村乡塾读书时，陆皓东在课间常画些《水浒》、《三国志》的人物给同学传阅。塾师发现后就责备陆皓东不专心读书，在画画这种闲事上浪费时间。他反驳老师说："图画也是读书的事，为什么要被禁止呢？"塾师也无言以对。陆皓东心灵手巧，他在南蓢等附近墟镇的店铺里看见走马灯，觉得很好玩，就细心观看和虚心请教制灯的技巧，回家后自己进行仿制，画上人物图画，不但吸引村中的小孩，连村中的大人们都赞好。

从上海回乡的陆皓东，眼界和知识面都不是从小在乡村长大的小孩所能相比的。陆皓东向村中小孩所描述的外部世界的情况，引起比陆皓东年长一岁的孙中山的浓厚兴趣，激发起孙中山对翠亨村以外更广阔天地的无限向往。

1879年，孙中山随母远赴檀香山。四年之后，孙中山被长兄孙眉送回翠亨村，和陆皓东这位少年好友久别重逢，两人更加投契，甚至"饮食起居必与共焉"。孙中山在翠亨进行的修筑村路、增设街灯、组织青年联防、演讲宣传等一系列活动，陆皓东都是积极的助手。光绪九年（1883），广东办团防，阅兵大臣方耀到香山县阅操，阅操的现场在张家边濠头村（距离翠亨村约20公里）的郑氏大宗祠。因县官上报的都是虚额，以骗取银两中饱私囊，这时唯有临时向各乡抽丁当勇，蒙混过关。陆皓东跟随乡人陈爵、陆帝焕等到濠头村参加团练操演。在阅兵场只见方耀高坐祠中，发令点兵，唱名应号结束后，只令团勇在祠堂外放枪。那些临时拉来充数的团勇，衣冠不整，有碍观瞻，而放枪又参差不齐。陆皓东回翠亨后，把所看到的情形告诉孙中山，两人对地方的军事力量有了初步的认识，认为如果有革命健儿五六十人，就可以夺得虎门炮台。

陆皓东和孙中山一起跑到村庙北极殿损坏神像后，不能在村子里继续呆下去了。于是陆皓东便转赴上海，进入上海的电报局学习电报和英文，后来考入芜湖电报局做翻译生，据说不久后因工作出色还升为领班。1889年，陆皓东在母亲的连番催促下回到了故乡翠亨村，和同县榄边乡莆山村秀才黎吉兴女儿黎竹青结

翠亨村陆皓东故居

孙中山依据陆皓东设计亲手绘制的青天白日旗手稿。（台北中国国民党党史会藏）

婚。之后和尤列、周昭岳等在顺德合资创办兴利蚕子公司，据说这家公司名为发展蚕桑，其实是地下革命机关，孙中山多次偕陈少白到访，并为公司亲题"兴创自我，利归于农"的对联。

1893年，孙中山到广州西关洗基开办了东西药局，和陆皓东、郑士良、陈少白，以及海军将领程璧光、程奎光、程耀

宸等同乡密切来往，时时相聚于广雅书局的南园抗风轩议论时政。1894年春夏间，孙中山和陆皓东携《上李鸿章书》北上，可惜李鸿章正忙于处理因朝鲜问题引起的中日外交交涉及撤军事宜，根本无暇接见，对上书更不加理会。上书受挫后，孙中山与陆皓东在北京、天津一带游历，以窥清廷虚实，又深入武汉，以观长江形势。在北京，他们看到"满清统治下之龌龊，更百倍于广州"。

1894年11月24日，孙中山在檀香山组织成立中国第一个民主革命团体——兴中会。1895年1月，孙中山离开檀香山，经日本横滨到达香港。旋即与杨衢云会晤，又与早年好友陆皓东、郑士良、陈少白、黄咏商等接触，"拟联络全新革命同志，扩大兴中会之组织，以利进行。"1895年2月,香港兴中会成立。1895年3月下旬，孙中山和陆皓东、郑士良等到广州建立兴中会分会，租得广州双门底王氏书舍（旧址在今广州市青年文化

宫）等地方为会所，对外假称农学会的名义，以掩人耳目。又在广州东门外咸虾栏张公馆组织分机关，由陆皓东常驻，负责招待各方同志，储藏起义军械。陆皓东更变卖在翠亨村田地房产筹款作革命经费。

形势越来越有利于发动广州起义，孙中山和革命党人计划以珠江三角洲地区、香港、潮汕以及北江一带的会党和绿林为基本队伍，利用重阳节（农历九月初九）群众成群结队回乡扫墓的时机，把起义队伍混在结队入城的四乡民众中聚集到广州附近，分道攻城。而已归附革命的清水师管带程奎光等则在城内响应，里应外合，攻下广州，然后挥师北上，推翻清朝统治。陆皓东还为起义设计了青天白日旗作为标志，后来青天白日的图案也被使用在中国国民党的党旗和中华民国的国旗上。

但是，革命党的举动早就引起了香港殖民当局和广东地方政府的注意。在计划发动起义的当天，香港一路的起义人员在规定时间仍未到广州集中，另一路主力汕头的武装也未赶到，而且枪械也未能及时从香港运来。在这种情况下，孙中山意识到人员大量集中，不能按原定时间发动起义的话，起义的计划一旦外泄，起义队伍就会非常危险。于是孙中山作出决定将部队遣回，听候命令；并发电报到香港，告知起义队伍不要再来广州。筹备半年多的广州起义未及发动就流产了。

两广总督谭钟麟接到兴中会起义的消息后，急调营勇回广州防卫，并派人搜查王家书舍、咸虾栏等革命党机关。陆皓东得到消息，即刻通知革命同志躲避，他本来已和孙中山脱离危险，忽然想起遗下党员名册在双门底的革命机关里，其他同志都劝说陆皓东不要回去，陆皓东说："党员名册最重要，倘被搜去，清吏按着名册株连，我党岂有馀类？我个人冒生命危险，去保全多数同志，实分内事。"于是，他不顾危险毅然折返双门底机关，销毁党员名册后不幸被捕。

陆皓东被捕后，大义凛然，视死如归，虽受尽钉插手足、凿齿等酷刑而不肯供出革命党人，并写下一篇长达三千余字的供词，后陆皓东的堂侄陆灿根据当时负责审讯陆皓东的南海县官员李徵庸的幕僚转述，记录供词大概内容如下：

据供姓陆，名中桂，号皓东，香山翠亨乡人。游沪多年，今始返粤。与同学孙文，同愤异族政府之腐败，专制官吏之贪婪庸懦，外人之阴谋窥伺，种种情状，凭吊中原，荆榛满目，每一念及，真不知涕泪之何从而至也。居沪多年，碌碌无所就，乃由沪返粤，恰遇孙君，客寓过访，远别故人，风雨连床，畅谈竟夕。某方以外患之日迫，欲治其标；孙则主满仇之必报，思治其本，连日辩驳，宗旨遂定。此为孙君与某倡行革命之始。盖务求警醒黄魂，光复汉族。无奈贪官污吏，劣绅腐儒，腼颜鲜耻，甘心事仇，不日本朝深仁厚泽，则日我辈食毛践土。讵知满清以建州贼种，入主中国，夺我土地，杀我祖宗，掳我子女玉帛。试思谁食谁之毛，谁贱谁之土？扬州十日，嘉定三屠，与夫两王入粤，残杀我汉人之历史，吾粤父老就多闻而知之，而谓此为恩泽乎？要之今日，非废灭满清，决不足光复汉族，非除汉奸，又决不足以戮灭满清，故吾等尤欲诛一二狗官，以为我汉人当头一棒。今事虽不成，此心甚慰。但一我可杀，而继我而起者，不可尽杀。公羊既殁，九世含冤，异人楚归，吾说自验。吾言尽矣，请速行刑。

1895年11月7日，陆皓东英勇就义。据说陆皓东的铮铮铁骨与浩然正气令清廷官吏都为之折服和敬重，在行刑时，特别命人替他换上长衫。广州起义虽然失败了，但陆皓东等烈士们的鲜血，却为中国的民主革命史写下了壮丽的开端。

孙中山对陆皓东的牺牲十分悲痛和怀念，他后来回顾广州起义时说：

惨淡经营，已过半载，筹备甚周，声势颇众，本可一击而生绝大之影响。乃因运械不慎，致海关搜获手枪六百余杆，事机乃泄，而吾党健将陆皓东殉焉。此为中国有史以来为共和革命而牺牲者之第一人。

孙中山还赞颂陆皓东"死节之烈，浩气英风，实足为后死者之模范。每一念及，仰止无穷"，"精灵之萦绕吾怀者，无日或间也。"

翠亨村民后来也写下一对挽联，怀念这位出色的翠亨英杰：

位于翠亨村犁头尖山南坡的陆皓东烈士坟场，1937年中山县县长杨子毅主持修建。

陆皓东墓石雕像及碑记

建于20世纪30年代初的中山纪念中学皓东堂

二十九龄，壮志未酬，痛君闪电流光，同程朱邱以捐躯，血洒苌宏，羊石翻成终古恨。

两百七年，神州光复，快我昭雪旧憾，炸恩孚凤而得手，元归先轸，翠亨应补大招诗。

陆皓东牺牲后，家人不敢前往领尸，唯将其遗下的牙齿一枚及衣履等埋葬于故乡。1912年5月，辞去中华民国临时大总统的孙中山回到故乡翠亨村省亲，亲到位于翠亨村外山门坳的陆皓东墓祭扫，并赠银慰问陆皓东的亲属。1937年，中山县县长杨子毅主持、永固公司商人黎达承建，耗资六千三百七十元，于翠亨村犁头尖山南坡修建陆皓东烈士坟场，建筑有墓道、牌坊、石亭，并树立烈士石雕像及《陆皓东纪念坟场碑记》纪念碑。

建于清代晚期的陆皓东故居现亦保存完好，是典型的"三间两廊"式砖木结构建筑，建筑风格朴素，门前挂"二龙世胄，双璧家风"的木刻对联。1989年6月，陆皓东故居被列为广东省重点文物保护单位。

光绪三十四年（1908），翠亨陆氏分配先祖遗下祖产的分单。分单中"廷汉妻王氏"即陆皓东烈士母亲。

杨鹤龄 反清"四大寇"之一

　　杨鹤龄（1868～1934）的父亲杨启操，是翠亨村屈指可数的富绅，据说在潮汕一带"卖猪仔"（苦力贸易）而致富，捐纳得"朝议大夫"的官衔，在翠亨村中建有宏伟的大宅，在港澳有很多生意和产业。杨鹤龄自小随家人在港澳，甚少回乡。因此孙中山与杨鹤龄虽是同乡，但却是孙中山就读于香港皇仁书院时由同乡兼同学的谭虚谷介绍才熟悉的。

　　杨鹤龄曾师从岭南大儒简朝亮，又就读于广州算学馆，与尤列为同学，后随家人在香港歌赋街经商，家中开设有"杨耀记"商店。孙中山就读于香港西医书院时，课余常与杨鹤龄、陈少白、尤列等在"杨耀记"后楼相聚，"昕夕往还，所谈者莫不为革命之言论，所怀者莫不为革命之思想，所研究者莫不为革命之问题"。四人来往密切，非谈革命无以为欢，其中最为仰慕发起太平天国起义的洪秀全。古人称成者为王，败者为寇，太平天国起义最终失败，清政府视洪秀全为寇，他们谈论时说，我们的志向，和洪秀全一样，于是便笑称自己为"四大寇"。这期间，陆皓东、郑士良等来往广州、上海经过香港时，也常常在"杨耀记"暂住，与"四大寇"经常聚谈反清言论，因此"杨耀记"商店后来被称为"革命党人最初之政谈俱乐部"。

　　1892年，孙中山向澳门镜湖医院借银开办中西药局，"担保还银人"是杨鹤龄的妹夫、澳门绅商吴节薇。孙中山在澳门受到排挤，转往广州及

1892年前后，孙中山（左二）与杨鹤龄（左一）、陈少白（右二）、尤列（右一）等合影，此四人常相聚抨击时弊，鼓吹勿敬朝廷，被称为"四大寇"。

香山石岐开设药局，但手头拮据，据杨鹤龄之子杨国铿回忆，当时杨鹤龄曾变卖位于澳门龙嵩街的一所房子与吴节薇，所得资金全数赠给孙中山作发展事业之用。

后来孙中山发动反清起义，杨鹤龄则在港澳一带协助筹募经费及作反清宣传，一度在陈少白创办的革命报刊《中国日报》中任职。民国成立后，杨鹤龄隐居澳门，并把居所命名为"杨四寇堂"，以纪念这一段革命往事。

1919年5月16日，闲居澳门的杨鹤龄曾致函孙中山，希望为革命效劳，信中说："自我公乙未举事以来，此身思为公用，望之数十年矣。此数十年中因孙党二字几于无人敢近，忍辱受谤，不知几极。弟又平素不善治生，上下无脚，竟成废弃，深为自惜。今者国家多事之秋，如弟之宗旨不变，诚实可靠，若用做奔走，用做心膂，赵冲国所谓无如老臣者，弟亦云然矣。"孙中山收信后，批复："函悉，此间现尚无事可办，先生故闭户著书；倘他日时局转机，有用人之地，必不忘故人也。"

1921年9月，孙中山在广州任非常大总统时，就聘请杨鹤龄为总统府顾

1923年4月，孙中山任命杨鹤龄为港澳特务调查员的手令。

问，并每月馈赠五百元作为养老金；又把越秀山南麓文澜阁修葺一新，延请杨鹤龄、陈少白、尤列三位"四大寇"时期的革命元老居住。1922年6月，陈炯明叛变炮轰越秀山。孙中山转赴上海，杨鹤龄则回到澳门。

1923年1月9日，杨鹤龄再次致信孙中山，信中说："近观大局，知已大有转机，广东三千万同胞，日日望公解决，非如前岁之情况矣。老夫睹此，大有雄心，极欲服务民国。……始谋有我，而收效岂无我乎？嗟乎！俟河之清，人寿几何？

想我公必不便四皓永匿商山，二老长居东海也。"也许是此信的后半段引起孙中山不快，孙中山收信后，批复拒绝了杨鹤龄的请求："真革命党，志在国家，必不屑于升官发财；彼能升官发财者，悉属伪革命党，此又何足为怪。现无事可办，无用于长才。"1923年3

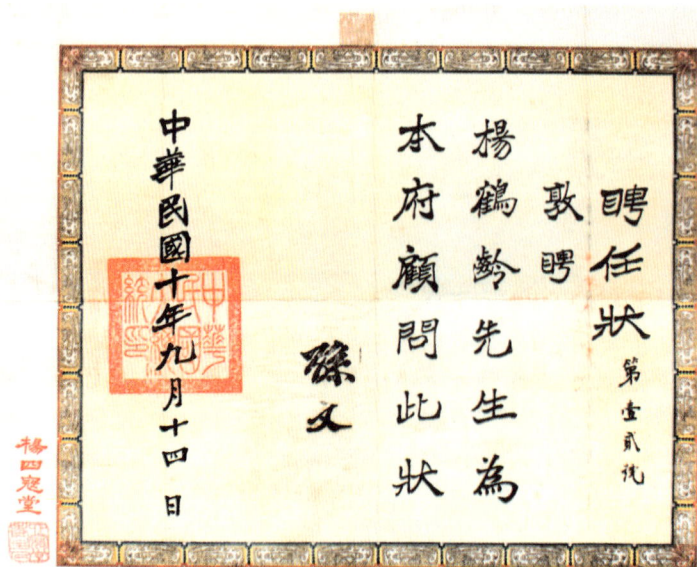

1921年9月，孙中山聘杨鹤龄为总统府顾问的聘任状。

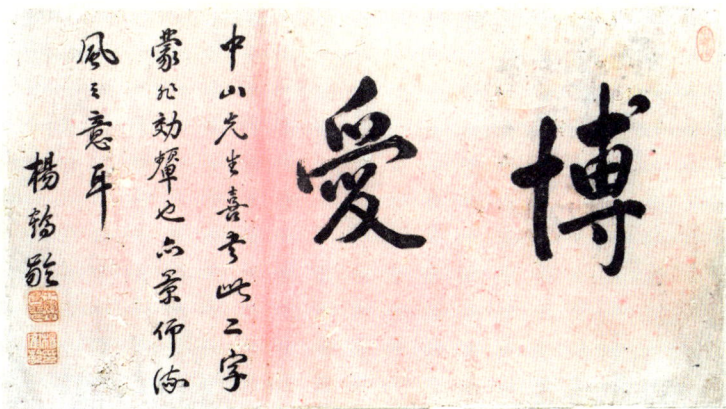

杨鹤龄手书"博爱"横幅 （林冠群提供）

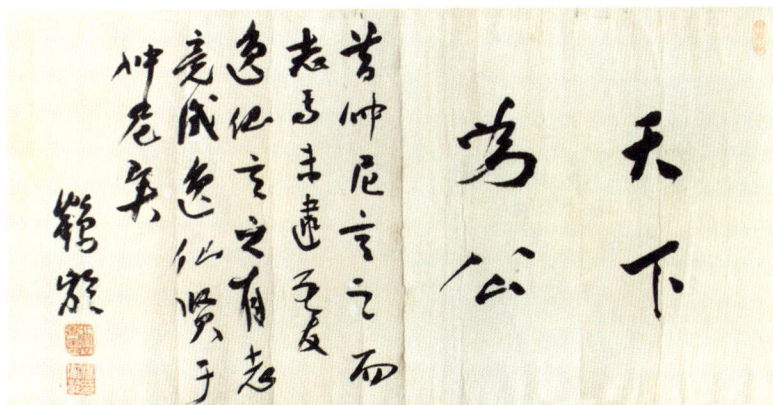

杨鹤龄手书"天下为公"横幅 （林冠群提供）

月，孙中山在广州成立海陆军大元帅大本营。于4月4日，任命杨鹤龄为港澳特务调查员。

　　杨鹤龄对于孙中山的革命言论和为人处世，都衷心敬佩，晚年最喜欢书写"天下为公"及"博爱"赠与友人。他在所书的"天下为公"下常常写上"昔仲尼言之，而志焉未逮，吾友逸仙言之，有志竟成，逸仙贤于仲尼矣"一段话；而在所书的"博爱"下则常常写上"中山先生喜书此二字，蒙作效颦也，亦景仰流风之意耳"，可见他对孙中山的景仰和钦佩。杨鹤龄性情诙谐，别人问起他的革命事迹时，常以"一部十七史，不知从何说起"为

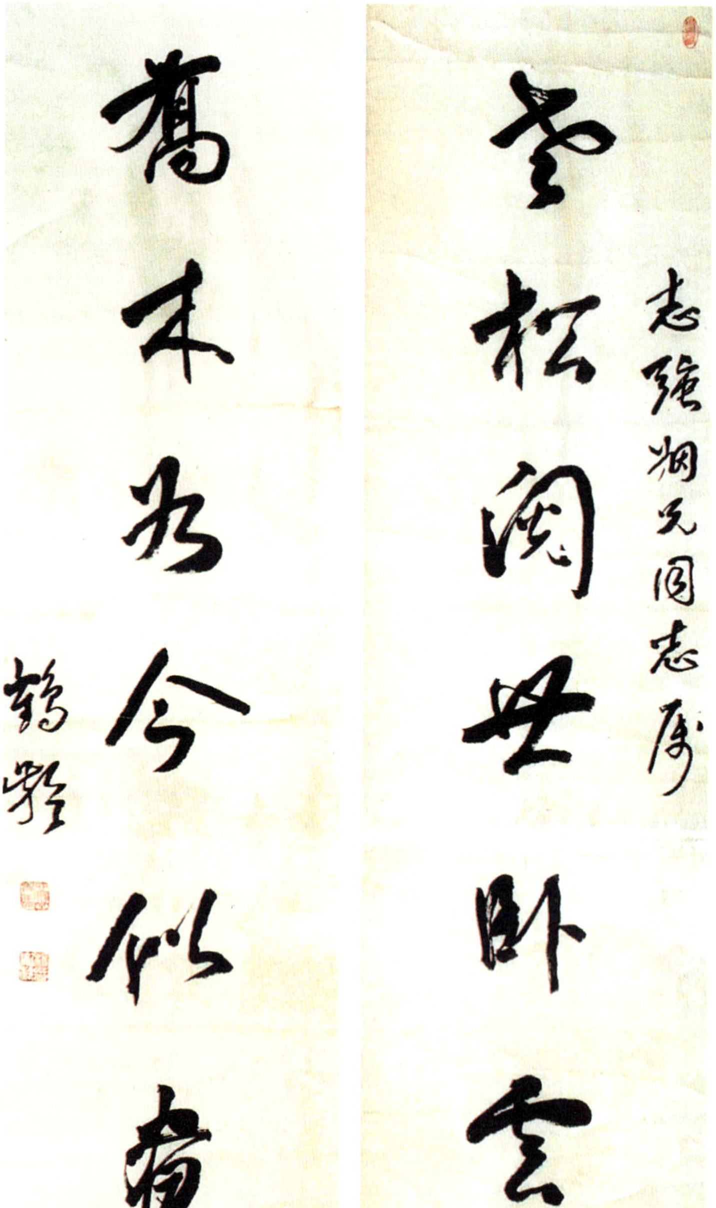

苍松阁毋卧云壑

乔木为今似蓟园

志纯烟尢园志席

鹤龄

杨鹤龄手书对联墨迹　（林冠群提供）

杨公鹤龄革命之先觉者钤承庭训再造深思持于沪

战报捷声中摄联以志不忘 容华钤 廿一年三月六日

1932年3月6日，杨鹤龄与容华钤合影 （林冠群提供）

位于翠亨村金槟榔山山麓的杨鹤龄墓

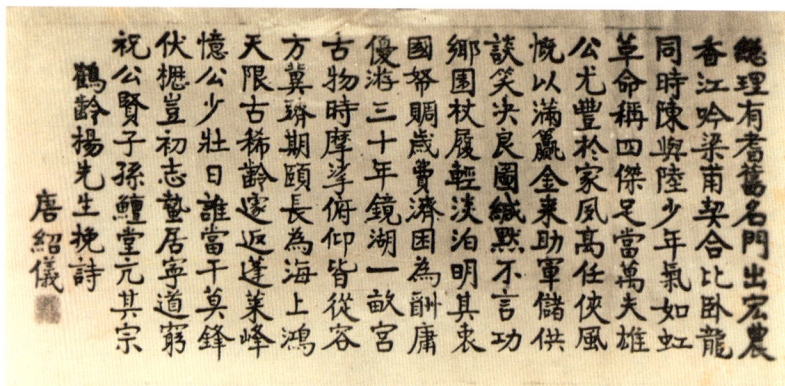

杨鹤龄去世后，唐绍仪手书的挽诗手迹。

由婉言谢绝，而对于革命先烈的亲属后裔则时时关顾，现在还保存下来多封他要求为黄咏商、林喜智、程耀臣、谭弼、朱贵全、邱泗、郑弼臣、杨衢云等建墓立碑及抚恤遗族的信函。

晚年蛰居澳门的杨鹤龄，"蒿目河山，曾无片好，中原多故，外侮频仍"，忧国之心日重，时时借酒消愁，举杯轰饮，醉后"时发牢骚之谈，痛斥执政者日非"。

1934年，杨鹤龄在澳门病逝，后安葬于家乡翠亨村金槟榔山麓，墓前遥瞰翠亨村孙中山故居，墓侧立有国民党中央执行委员会西南执行部的褒卹令，褒扬杨鹤龄"性行高洁，器识宏远，早岁劻勷总理倡导革命，厥功甚伟。民国肇造，退隐家园，功成不居，尤足矜式。" 而民国首任总理唐绍仪的挽诗，中肯地概括了杨鹤龄的一生：

总理有耆旧，名门出宏农。香江吟梁甫，契合比卧龙。
同时陈与陆，少年气如虹。革命称四杰，足当万夫雄。
公尤丰于家，凤高任侠风。慨以满篑金，来助军储供。
谈笑决良图，缄默不言功。乡围杖履轻，淡泊明其衷。
国帑赒岁费，济困为酬庸。优游三十年，镜湖一亩宫。
古物时摩挲，俯仰皆从容。方翼跻期颐，长为海上鸿。
天限古稀龄，遽返蓬莱峰。忆公少壮日，谁当干莫锋。
伏枥岂初志，蛰居宁道穷。祝公贤子孙，鳣堂元其宗。

杨心如 台湾兴中会创始人之一

杨心如是孙中山在翠亨村中的总角之交，乳名帝镜，名兆蓉，字正乐，号心如，同治七年（1868）生于翠亨村，比孙中山小两岁，家中世代务农，后其兄贸易外洋，家境饶裕。

杨心如从小胸怀大志，好读书，聪慧过人，过目不忘，但不喜欢读四书五经，亦无意走科举考试之途，常和孙中山相与倾谈天下兴亡事，见解

杨心如（左）与杨鹤龄（右）的合影

翠亨村杨心如故居外景

独到，多中肯綮，孙中山引为知交。1895年，孙中山与革命同志创立兴中会，杨心如与岳父程耀臣在杨鹤龄的劝说下响应加入。杨心如奉命奔走中山、澳门、香港、台湾诸地，策动人力、物力，参与广州起义、惠州起义诸役，"毁家纾难，产业十九捐助革命，家遂中落。"

1895年，广州起义失败后，杨心如岳父程耀臣被捕，"在狱多年，备受残刑，卒之瘐死狱中，为革命家散人亡。"而杨心如则转赴台北，在一家经营茶叶的良德洋行任司账。1897年，陈少白到台湾发展革命组织，通过

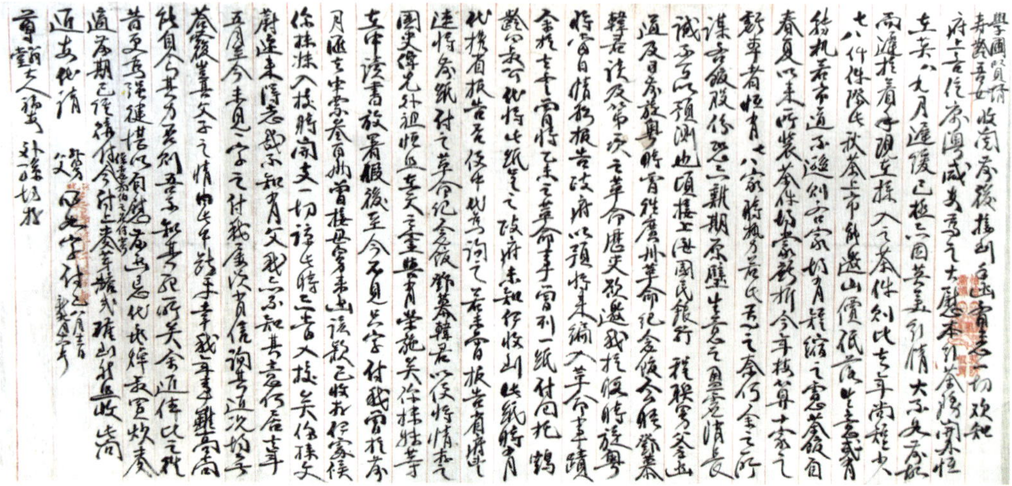

杨心如致女婿学圃和女儿寿龄信

杨心如结识当地爱国志士，于当年11月在杨心如家中成立台湾兴中会分会，这是革命党人在台湾建立的第一个据点。1899年，孙中山为策划近海革命根据地，远赴台湾，杨心如相随左右，初设联络机关于台北市新起町，后迁御成町梅屋敷，积极策划惠州起义。惠州起义失败后，孙中山转赴日本，而杨心如则留在台湾部署。其后黄花岗起义，杨心如奉召赴香港策应，失败之后，奉孙中山命继续留在台湾，建立革命基地。民国成立后，杨心如请示去留，据说当时孙中山本想把杨心如留在身边共谋国策，但因为台湾为海外联络要津，未可轻动。于是，杨心如和长子杨东瀛一起，在台湾以经营商业为掩护，和大陆革命同志暗通声气。其后"二次革命"倒袁、护法运动等，革命同志来往南北，多以上海、台湾、香港为联络所，台湾方面，杨心如是实际的主持者。

孙中山先生去世后，杨心如一直留在台湾。抗战期间，他关怀国事，终日忧心忡忡，虽家人亦难交谈一语，内心苦闷可知。及至日本投降，台湾、澎湖宣告复归祖国，杨心如笑逐颜开说："不图竟有今日，吾无憾矣。"孙科得知杨心如还在台湾，而又生活困顿时，马上函托当时的台湾行政长官陈仪，对杨心如多加关照。杨心如常为抗战结束后中国的社会与政治现实而担忧，感叹说："安得逸仙先生复生，兼收并蓄，和衷共济，以图建国耶。"1946年秋，杨心如在台湾病逝，弥留之际，对其子杨东瀛等说："予随孙逸仙先生革命最早，言悔后死，今强寇已除，台湾光复，予向不善治家产，无一遗物，汝等或留台、或归乡均可。但须自立自强，勿辱邦家。"

杨心如在翠亨村的故居现尚保存完好，故居坐西向东，三开间两层砖木结构建筑，青砖墙、硬山顶，是当地常见的侨乡建筑。

陆灿 檀香山著名侨领

陆灿，字立本，号炳谦，别字逸生，1874年生于翠亨村。陆灿从小便在村中围着孙中山及从上海归来的叔父陆皓东玩耍。1883年秋，孙中山与陆皓东到村庙北极殿进行损毁神像的"革命举动"时，陆灿和另一个小孩则负责"看风"，盯住在北极殿外睡觉的守庙人。

1887年，陆灿13岁时到了檀香山，就读于泮拿荷（Punahou School）学校，是该校毕业的第一个中国学生。1895年，陆灿回故乡翠亨村结婚。陆皓东每从省城广州回到翠亨，必到陆灿家中倾谈。是年底，在得知广州起义失败及叔父陆皓东被捕的消息后，陆灿在舅公（附近唐家村的一个乡绅）的教示下，和翠亨乡正陆星甫用贿赂的办法打发掉到翠亨村搜捕孙中山的清兵。孙中山捎话让陆灿到香港见面，并把母亲杨太夫人、妻子

陆灿

20世纪20年代，孙中山题赠给陆兰谷的"博爱"题词。

卢慕贞及两个孩子托付给陆灿护送到檀香山。这次谈话给陆灿留下了深刻的印象，多年之后，陆灿还记得，谈话之后他"感觉到这是一个新的孙逸仙——热情果断，又像将军那样冷静和深思熟虑。那个冲动的男孩——帝象，已经转变成一个我们期待的精明的、坚定不移的领袖。"陆灿也"第一次对中国有了明确的希望"；而且"决心竭尽所能，为这个大业贡献力量。"

而陆灿仗义护送孙家亲属到檀香山的举动，得到华侨的交口称赞。郑照后来回忆说：陆灿"为人仗义可靠，吾人常以此事比之'赵子龙单骑救阿斗'也。"

陆灿的父亲陆兰谷，本是翠亨村一个年老的乡绅，据说曾在孙眉茂宜牧场担任中文教员，并未参与革命活动，但1898年的某天，他在翠亨村边的田基散步时被清兵抓走，被怀疑曾参与革命而关押在监狱中多年。后陆灿花巨资在地方政府多方活动，通过伍廷芳（伍廷芳于1897～1902年和1908～1909两度担任驻美公使）帮助才把父亲救出来。1921年，孙中山亲笔题写"博爱"题词赠予陆兰谷。

1896年，孙中山从日本赴檀香山，宣传革命，筹募经费。陆灿告诉孙中山想学医，做大夫。孙中山则劝说陆灿："为什么你要那样做？我已经是一个医生了，但我放弃了。在我们前面还有很多伟大的工作。如果你真的想学点什么，就跟着康有为学习，学政治与政府管理吧。"孙中山又说："如果你想帮助我，就在这儿参加政治活动，做社团组织工作。"此后陆灿加入兴中会，多年担任檀香山社团的负责人，在有需要的时候，经常向孙中山提供经费。陆灿又担任檀香山《隆记报》翻译，凡关于中国的消息，常与香港《中国日报》主笔陈少白互相通讯。陆灿以《隆记报》馆

20世纪40年代，陆灿（二排中）和家人合影于檀香山。

为基地，与何宽、郑金等创设中西扩论会。孙中山多次在中西扩论会发表演说。中西扩论会的会员是最早支持孙中山革命事业的檀香山华侨，捐资资助革命的会员也甚多。

1912年1月，孙中山在南京宣誓就任中华民国临时大总统。1月26日，陆灿偕孙科和一些海外的同盟会员回中国，到南京后居于总统府。陆灿和许多海外华侨都劝说孙中山不要把总统的职位让给袁世凯这样的人，他们和孙中山多次辩论，最长的一次达四个小时，可惜建议最终未被孙中山接受。孙中山辞去临时大总统后，陆灿随同回到广州。孙中山希望陆灿留在中国，陆灿则表示留在中国

20世纪30年代，陆灿撰写的《孙中山公事略》手稿。

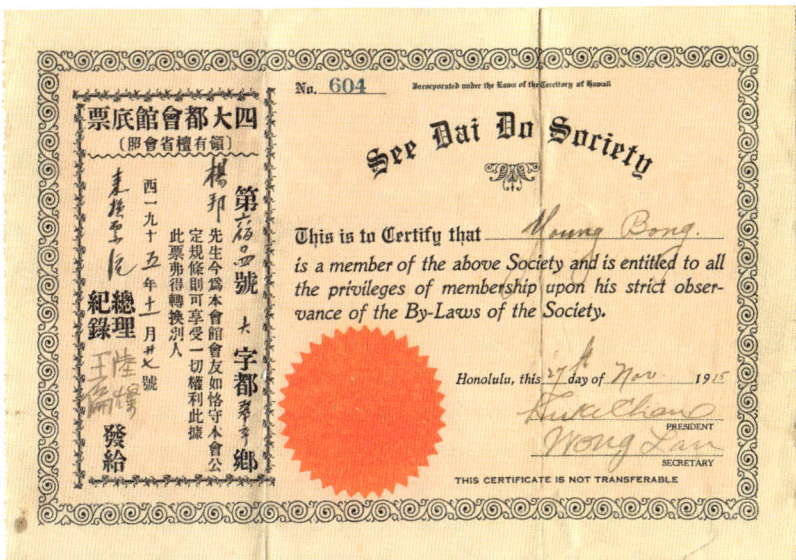

1915年11月27日，陆灿、王伦签发给翠亨村华侨杨邦的檀香山四大都会馆会员证。檀香山四大都会馆是旅檀中山县四大都华侨于1906年所设立机构，以办理慈善、联络乡情及排难解纷为宗旨。

已经不能做什么有实际意义的好事了，要回到檀香山。第二年，陆灿便再赴檀香山，此后他再也没见过孙中山，但他对孙中山的敬仰却未尝改变，晚年撰写《SUN YAT SEN ── AS I KNEW HIM》、《孙中山公事略》、《孙中山在檀事略》等回忆录，赞颂孙中山是"勇敢无私的理想主义者"、"中国最伟大的解放者的先驱"。

陆灿热心华侨事业，曾担任檀香山政府外交部华务局长及美国移民局通事，协助到檀香山的华人登岸，参与创办环球中国学生会、四大都会馆、夏威夷华人公所等社团，曾连续多届担任中西扩论会主席、四大都会馆主席、夏威夷华人公所主席、万那联义会馆书记等，对于夏威夷华侨公共事业贡献良多。

1948年，陆灿回到故乡翠亨村，把先辈建于1848年的旧居从传统大宅改建成中西合璧的侨屋，正面山花塑有"1848～1948"字样，记载着这所房子的历史，此屋至今尚保存完好。

翠亨村陆灿故居。原建于1848年，1948年陆灿回乡改建成今貌。

陈兴汉 粤汉铁路事务督办

陈兴汉是孙中山的邻居，生于1876年，比孙中山小10岁，家就在孙中山家的隔壁。少时家境一般，现在保存下来的陈兴汉故居不过是一间13坑瓦宽、面积约30平方米的普通民房，村中甚至还流传着陈兴汉家是"下户"（世仆）的说法。

1883年，17岁的孙中山从檀香山归来，常向村民讲述海外见闻以及清政府腐朽无能之

翠亨村陈兴汉故居外景

事，当时年方7岁的陈兴汉被孙中山博识多闻的谈吐所吸引，孙中山在村中改良乡政，发动村民修路时，他也常常跑出跑入看热闹。

据说陈兴汉很早就参加了同盟会，参与孙中山的革命运动，但陈兴汉与孙中山的更多联系，则要在民国成立以后。1912年，中华民国临时政府在南京成立，陈兴汉被聘为临时总统府秘书。同年3月5日，他以发起人的身份陪同孙中山出席在南京举行的追悼粤中倡义死事诸烈士大会。陈兴汉后来向孙中山甥孙杨连合回忆这段时期的活动说："孙中山搞革命，就任大总统后，我专门做看门警卫，及煮东西给孙中山等食用。"

1924年11月17日，孙中山、宋庆龄由广州北上时，经上海与欢迎他们的各界代表合影。后排右二为陈兴汉。

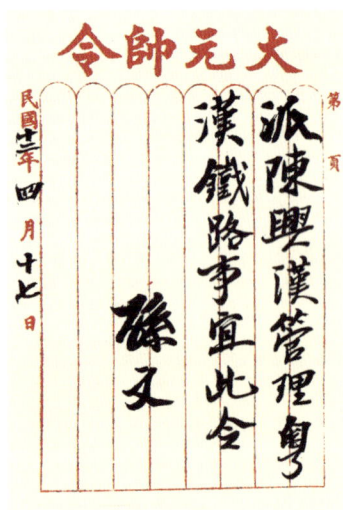

1923年4月17日，孙中山委派陈兴汉管理粤汉铁路事宜的手令。

陈兴汉这种擅长后勤事务的才能在孙中山第三次在广州建立政权时再次得到发挥。1923年3月12日，陈兴汉被孙中山任命为陆海军大元帅大本营庶务司司长，负责大本营后勤保障各项事宜。

陈兴汉另一个长项的是管理铁路。1923年4月17日，孙中山任命陈兴汉出任粤汉铁路事务督办。两天之后，孙中山又指令商办粤汉铁路公司董事局，重申今后该铁路各事由陈兴汉全权处理，孙中山说："陈兴汉既经令派，兼受公推，自宜以全权，令负全责，以期作事敏活，庶能裨益路政，不误戎机。"担任粤汉铁路事务督办期间，陈兴汉平衡沿路军阀利益关系，排除沿路驻军干扰；又整顿路政，确保铁路在运输兵员及兵械物资上畅通无阻。

1923年4月，陈兴汉被任命为兵站总监部铁路输送局长，并陪同孙中山、蒋介石等巡视北路战地。1924年2月，为鼓励湘军在前线杀敌，保卫广州，陈兴汉与宋子文、陈友仁等陪同孙中山乘车赴广州北郊江村慰劳，并视察湘军鲁涤平部。

1924年1月，陈兴汉被孙中山委任为大元帅府财政委员会委员，参赞财政。1924年2月，陈兴汉出任广三铁路管理局局长，同时兼代广九铁路局局长。上任前，陈兴汉曾以粤汉铁路事务繁多，唯恐无暇他顾等原因，呈请孙中山收回成命，孙中山没有应允，并说：陈兴汉"办理路政著有成绩，兼任广三路局长，原属为事择人，应即刻日到局视事，借资整顿。所请收回成命之处，着毋庸议。"

1924年5月5日，陈兴汉在孙中山的提名下成为中国国民党广州特别市党部执行委员。1924年6月3日，又当选为广州铁别市党部执行委员会实业部长。1924年10月5日，孙中山复电陈兴汉，告以北伐的作战计划，并说："兄对于车辆亦要预备，做同等之计划可也。"抗战期间，陈兴汉曾出任京沪、沪杭甬铁路局长一职，专责军运，确保前线兵员运输、物资补给的畅通，"举凡人力所及，无不戮力奔赴。"

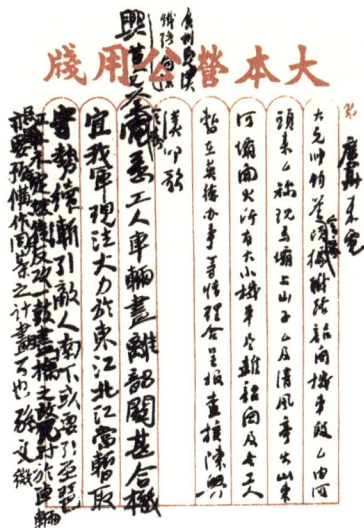

1924年10月5日，孙中山就北伐作战计划等复陈兴汉电。

1924年10月9日，孙中山命蒋介石派陈兴汉将黄埔全部军火运往韶关的手令。

兩路局長
陳興漢昨忽辭職

中國航空公司經理兼副董事長劉沛泉辭職後，由股東董事會改選戴蔭恩氏繼任，戴於昨日上午十時，赴公司接職，當時并未舉行任何儀式，僅由戴氏召集屬下職員談話，詢問公司中要事，所有職員，亦未更動，惟秘書主任鄭道實，財務主任鄭百坤，兼職均照准，現委張榮耀任秘書主任，石道生暫代財務主任，戴年四十餘，保廣東五華縣人，卒業於中山大學政博，浙江建設廳訓練處長等職，得博士位，返國後，任廣東中山大學教授，保英國倫敦大學法學士，前任鐵道部法律專員，石係留美出身，曾任淞滬警備司令部秘書等職云。

京滬、滬杭甬鐵路管理局長陳興漢，昨忽呈鐵道部辭職云，呈為久膺繁劇，心力交瘁，懇情懇辭去京滬、滬杭甬鐵路局長。續絡部捕七人，『押送司令部』，將為首學生沈璇衡立時處決，『不特此也』，報載十二月二日重慶電，『新蜀報因登載國民政府漾日停戰命令，被憲兵部查封後，川有人緩頰，由負責者具悔過書了事』，是劉軍長湘不特遇止民衆廢止內戰運動，且復不惜於國民政府停戰命令，而遷怒於新蜀報，人權保障之謂何，言論自由之謂何，同日反對內戰，被拘禁二十日，至十二月一日重慶電報，劉湘因二十一軍旅長藍文彬職，并早日遴賢接替，以重路務，再圖報稱，不勝感德待命之至。

1932年12月，《申报》刊载陈兴汉辞去京沪、沪甬铁路局局长的辞呈。

杨锡宗 华南近代著名建筑师

　　杨锡宗，字礼绍，是翠亨村首富杨
启文第十子，曾就读于广州岭南中学及
北京清华学校，后赴美留学，1918年毕
业于美国康奈尔大学，获建筑科学士，
毕业回国后，随即展开长达三十余年的
极富魅力的设计生涯。

　　杨锡宗是岭南乃至中国最早接受正
规西方建筑学教育并回国服务的建筑师
之一，他的设计生涯见证了岭南建筑的
近代化发展。杨锡宗的代表性建筑设
计包括广州中央公园（现广州人民公
园）、黄花岗七十二烈士墓墓园规划、
广州中山大学石牌新校园总体规划和
第一期工程项目的设计、十九路军淞

S. C. YEUNG

杨锡宗

沪抗日阵亡将士陵园、广州银行华侨新村、嘉南堂（今广州太平南路新华
酒店）、南华楼（今广州太平南路新亚酒店）等。他还曾担任福建漳州市
政建设总工程师，全权从事规划；又以顾问形式与汕头市政府合作编制了
《汕头市政计划举要》这一部颇具战略眼光的具有城市发展总体纲要性质
的市政总体规划，其中保税区、工业区和金融区的分区概念直到现在还是

杨锡宗应悬奖征稿而绘制的中山陵设计图

工商业中心城市总体规划的主要分区手段。杨锡宗擅长设计及绘画建筑图则，据说"每出一则，勾心斗角，立意必新，悬之国门，高下共赏，世人得其一纸，无不乐奉千金以为寿。"

现在还没有直接的史料证实杨锡宗和孙中山有什么往来和联系，不过他们既属同乡，杨锡宗积极参与孙科及广州工务局局长程天固主导下的城市建设，他与孙中山相识也在常理。而杨锡宗对孙中山及其领导的革命事业的敬仰，则体现在他后来的一系列建筑设计之中。

1925年3月12日，孙中山先生逝世后，葬事筹备处决定向全世界的建筑师和美术家有奖征集陵墓设计图案，并制定《陵墓建筑悬奖征求图案条例》，要求陵墓设计必须"采用中国古式而含有特殊与纪念之性质者，或根据中国建筑精神特创新格"。杨锡宗参加了这次国际竞标，他在《关于孙中山陵墓计划说

1917年，康奈尔大学中国同学会合影。前排左二为杨锡宗。

明书》中总结自己的设计说："总言之，就全部论，计画者刻意求集合中国古代建筑之分子，已成一美丽和一之总体，不特可供纪念，同时关于此项建筑之近代需要，皆能有适当之应付。"最后在国内外应征的40余份设计方案中，杨锡宗的设计获得第三名。评判者之一的凌鸿勋认为杨锡宗的设计"美术方面甚佳，颇合陵墓庄严之意义，独惜与背山形势不称，且过于宏伟，非规定建筑费之所许。"同是留美归来的吕彦直获得了第一名。

翠亨村杨宅保存的"杨锡宗置"款灯挂椅及茶几。

1926年1月，广州国民政府在《广州民国日报》悬赏征求"中国国民党总理孙先生纪念碑图案"，杨锡宗参加了这次竞标，并获得了第一名，但可惜杨锡宗获首奖的设计最后只存在于图纸之上。因为两周之后，广州国民政府成立"建筑中山纪念堂委员会"，决定在粤秀山山顶建筑纪念碑，在山麓增建纪念堂，形成"前堂后碑"的纪念建筑格局，并重新在报上刊登《悬赏征求建筑孙中山先生纪念堂及纪念碑图案》。杨锡宗也参加了这次设计竞选，在应征的26份设计中，再次败于吕彦直之下，获得第二名。1929年，杨锡宗担任广州中山纪念堂建筑委员及管理委员会总干事。

著名的黄花岗七十二烈士墓，其墓园规划也出自杨锡宗手笔。研究者认为"杨锡宗很好地把握了中国资产阶级革命的原发理想——民族、民权、民生（即孙中山的三民主义）以平和叙事般的手法铺陈展开，没有突变，没有刻意的高潮起伏，空间气氛静谧而祥和。"而杨锡宗的另一项设计，广州石牌中山大学新校园总体规划和第一期工程项目则"以钟型平面构图强调中山先生的临终遗训，并在意象概念上暗示中山大学的历史渊源"。

杨锡宗在他的建筑生涯从折衷主义、新古典主义到现代主义等各种形式的建筑风格都作出了许多积极的探索，有建筑史家高度评价说："在岭南建筑的近代化历程中，尤其是辛亥革命后，本土华人建筑师以其所学服务于地方，为岭南近代建筑发展作出不可磨灭贡献者，首推杨锡宗。"

口總理紀念碑圖案之獲選者

▲首名楊錫宗得獎五百元

（本報專訪）國民政府，前日邀請美術家在府評判總理紀念碑圖案，已誌昨報，茲續聞是日評判結果，獲選者第一名楊錫宗、二名陳均沛、三名葉永俊、首名得獎金五百元，國民政府秘書處將案即登報揭曉云。（Ｔ）

1926年2月9日《广州民国日报》刊登"总理纪念碑图案之获选者"消息，获选者第一名为杨锡宗。

杨殷 中共早期卓越的工运领袖

杨殷是翠亨村孙中山革命追随者中比较特别的一位，他既积极参加过孙中山所领导的革命运动，又是著名的工运领袖和中国共产党早期领导人。

杨殷，名观恩，字典乐，号命夔，1892年8月12日生于翠亨村的一个富裕的士绅家庭。从幼年起，杨殷便接受私塾教育，后来又到石岐和广州接受中学教育。

杨殷与孙中山既属同乡，从小便听说过孙中山、陆皓东、杨心如、杨鹤龄等村人的故事。据说1911年初，年仅19岁的杨殷便加入了中国同盟会，在同盟会南方支部副支部长、孙中山长兄孙眉的安排下，经常来往广州、香港、澳门、香山等地，秘密从事传递军事情报及运送武器的工作。

民国成立后，杨殷仍然积极支持孙中山的革命运动。1913年孙中山反对袁世凯复辟帝制，发动"二次革命"，杨殷积极支持，曾只身用炸弹把袁世凯的心腹、上海镇守使郑汝成炸伤。1917年，孙中山南下广州建立政

杨殷

翠亨村杨殷故居卧室

　　杨殷（后排中）与家人合影于翠亨村杨兼善祠前。后排左一杨殷胞弟杨熙乐，前排左四杨殷妻子李庆梅。

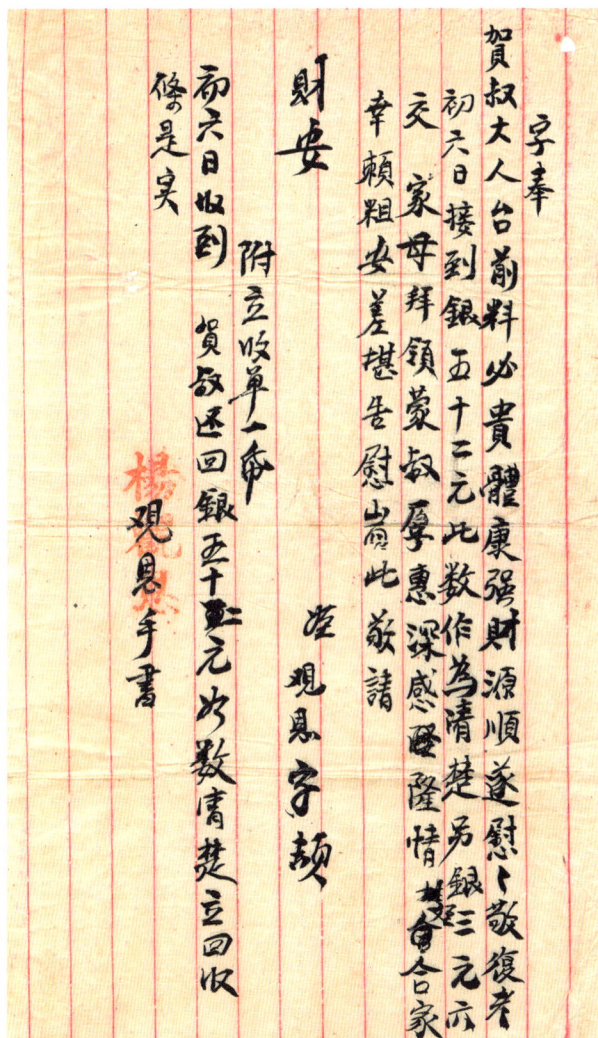

杨殷致杨贺的信函

权，杨殷被安排在大元帅府参军处工作。杨殷精通技击拳术，常随孙中山出入，担任警卫职责。9个月后，孙中山受西南军阀排挤而离职赴沪，杨殷转到广州西关盐务稽查处工作。

革命的几起几落，触动杨殷对革命的前途进行深入的思考。杨殷从俄国十月革命的胜利看到新的希望。1922年底，在梁复然、杨章甫的介绍下，加入了中国共产党。之后，杨殷辞去盐务稽查处的工作，投身革命事业，在广州石井兵工厂、粤汉铁路、广九铁路、广三铁路等开展工人运动，建立党的基层组织。1925年，杨殷与谭平山作为广东代表出席了在上海召开的中共第四届全国代表大会，并向与会代表介绍了广东、香港等地工人运动以及国共合作的经验和教训。同年6月，省港大罢工爆发，杨殷和杨匏安负责领导香港方面的工人罢工，先后参加罢工者有25万人。1927年5月兼任广东省委肃清反革命委员会主席，10月，负责中共中央南方局军事委员会和肃反委员会的领导工作，并兼任省委委员，负责工委工作。1927年12月，参与发动和领导了震动全国的广州起义，并在广州苏维埃政府成立期间，担任广州苏维埃人民肃反委员和苏维埃人民委员会代理主席职务。杨殷交游广阔，不论国民党左派还是右派，联义社、致公堂等社团，甚至绿林好汉中人，都有来往，因此党组织遇到的许多麻烦事都由他出面去及时解决。

据杨殷女儿杨爱兰的回忆，翠亨村民杨标、杨文英、杨文竹、陆晋垣、杨伯鸣、杨瑞芝、杨高等都曾为杨殷的革命事业作出过贡献，有的还成为了地下党员。杨殷长期从事地下工作，很少在家，但对女儿爱兰既严格又疼爱，还通过书信叮嘱女儿"除读书外，各事不必沾染，打牌、闲游、看戏等尤为不可做，用钱要省，须知留得一文钱，亦可于无钱时应用，切不可为了爱面子，就多花几块钱，青年人最重要不得的事情，穿衣尤须朴实，与人来往要谨慎。"1928年，还在读书的杨爱兰也当上了情报交通员，按照父亲的安排，经常手挽藤制书包，来往于港澳之间，传递情报文书。

1928年6月，杨殷前往莫斯科参加中国共产党"六大"，在会上，当选为中央委员、中央政治局候补委员、中央政治局常委候补委员和中央军事部长。同年11月，任中共中央政治局常委委员。

1929年8月24日，因叛徒告密，与彭湃、颜昌颐、邢士贞、张际春等五位同志被捕，虽遭利诱威迫，仍坚贞不屈。8月30日，与彭湃、颜昌颐、邢士贞四同志在上海龙华被国民党反动派秘密杀害，时年37岁。临刑前，杨殷坦然对狱中同志说："朝闻道，夕死可矣！"表现了一位共产主义战士凛然赴义、视死如归的大无畏精神和革命英雄气概。杨殷和彭湃被并称为"中国革命运动工农两巨星"。

谭杏与杨日韶、杨日璋 "革命母亲"和她的烈士儿子

抗日战争时期，面对侵略者的屠刀，多少热血中华儿女拿起刀枪，奔赴抗日战场，抛头颅，洒热血；多少父老乡亲在敌人的眼皮底下，为前方战士送粮送物，传递情报，营造起坚强的革命堡垒，为夺取抗战胜利作出了巨大的贡献。翠亨村杨东、杨伯母谭杏一家，就是众多奋起抗战家庭中的一个。杨伯母一家八口全部参加抗日工作，被称为中山的"杨家将"。中共中山市委党史办公室的研究人员深入采访抗战时期的游击队员和杨伯母的亲属后人，记录下了这一页值得纪念的历史。以下所述，便主要依据中共中山市委党史办的调查结果。

杨东，字振光，翠亨村人，生于1891年，据说孙中山曾给他种过牛痘。杨东的女儿杨日松回忆，父亲杨东能讲五种外语，喜好摄影、绘画和书法。1915年，杨东娶崖口村谭兆嫦（后改名谭杏，乡人尊称为杨伯母）为妻，婚后育有杨日松、杨日韶、杨日璋、杨日增、杨日昕、杨日芳六个子女。抗日战争前杨东与谭杏及子女一家在北方生活，杨东供职于大连华俄道胜银行，家境宽裕。后杨东曾在香港、南京、北平、烟台等地谋生，家人则辗转回到翠亨生活。

1940年左右，杨东从烟台回到翠亨，他很快就参加了家乡的抗日斗争。开始时到南蓢合水口村帮助抗日游击队管理围田的粮食账目，后来到五桂山区，协助珠江纵队的后勤和军需工作。他和夫人谭氏积极支持六个子女参加了抗日，其中两个儿子杨日韶、杨日璋先后献出了宝贵的生命。

1939年秋，杨伯母的大儿子杨日韶决定参加抗日游击队时，杨伯母毫不

杨东、谭杏夫妇与子女等合影

犹豫地鼓励他说："国家有难，民族危亡，抗日救国，人人有责。你去吧，不要惦记家里。"1941年，中共南番中心县县委委员谢立全在杨伯母家养病，她日夜操劳煎药做饭，费尽心血避过敌人的耳目。1942年春，杨伯母从大儿子日韶的来信中知道率先进入中山五桂山区建立革命根据地的游击队员们缺医少粮时，即把家中仅存的两石谷碾成米，带着女儿杨日芳，把米送到翠亨附近的石门村接济部队。在部队生活极度困难之时，她又毅然把自己大半生的积蓄和一批谷子，全部献给了部队。甚至连自己结婚时的金首饰也贱价变卖了，换来谷子送给部队。她还回娘家借来金首饰，动员自己的大嫂把卖猪得来的钱借给自己去接济部队，最后连祖辈留下来的两亩薄田也卖掉了。游击队战士曾开玩笑地对他说："杨伯母，你现在给部队放债，将来革命成功了，我们怎么还债啊！" 杨伯母幽默地回答说："我晓得你们搞'共产'，共了也就算了。"部队的同志到杨伯母家，杨伯母总是热情接待，把家里能够吃的东西，哪怕是番薯、芋头拿出来，让他们填饱肚子。有些游击队员知道杨伯母家境也十分困难而婉言谢绝时，杨伯母总是故意板着面孔说："我的家就是你们的家，快吃饱，打鬼子去吧！"

　　杨伯母的大儿子杨日韶，生于

位于翠亨村的杨日韶、杨日璋故居

杨东与日松、日韶、日璋等子女在翠亨村合影

1918年2月，1930年秋考入县立乡村师范乡村班，读书期间受进步思想影响，积极参加抗日救亡宣传。1938年上半年，杨日韶加入中国共产党，以教师职业为掩护，从事党的工作。1939年先后任中山抗日游击大队中队长、梁伯雄大队副官、副大队长兼抗日游击队第一主力中队队长等。在任抗日游击队第一主力中队队长期间，他带领部队在环境险恶、生活艰苦、粮食不足的情况下，公开进行活动，他们除了学习军事政治外，还经常帮助群众在田间劳动，宣传抗日，配合地方党组织开展统战工作，争取地方实力派起来抗日。在出击崖口伪乡长谭日潮，袭击容奇渡口伪联防哨所，在吉昌围打击伪军李塱鸡的小舅的战斗中，都取得了胜利。他常教育弟妹，要他们关心国家大事，积极参加抗日。在1942年5月夜袭浮墟战斗中，为了消灭敌人，他带领队伍直奔前沿阵地，在前进中，不幸中弹多处，身负重伤，但他仍把着机枪向敌人射击，后终因伤势过重，在送往小榄抢救途中，不幸牺牲，年仅24岁。

当游击队领导谢立全、谭桂明、欧初把这个不幸的消息告诉杨伯母时，她坚强地说："要革命就要打仗，要打仗就会有牺牲。日韶死得英勇，有这样的儿

1937年7月，杨日韶报考国立中山大学化工系的准考证。

子，我做母亲的也感到光荣。"

杨伯母的二儿子杨日璋，1919年4月生于大连，后随父母回翠亨村生活。在总理故乡纪念中学读书时，杨日璋就积极钻研军事知识，他经常说："学些军事，消灭日本仔。"在党组织和哥哥杨日韶的教育影响下，1941年杨日璋便辞别爹娘，参加抗日武装。1942年7月参加了中国共产党，先后担任中山抗日游击队第一主力中队队长，中山人民抗日义勇大队仲恺中队中队长。曾参加过夜袭下栅、前山、南屏、南蓢、翠微、张溪等十多个敌伪据点和多次反"围剿"反"扫

杨日璋青少年时照片

荡"的战斗，出色地完成了任务，表现十分英勇顽强。1942年4月，在袭击下栅伪军李芬的联防中队战斗中，杨日璋率领自己的小队悄悄地贴近敌人驻地祠堂的围墙，绕到后边，担负截击任务。战斗打响后，一群光着身子的伪军妄想往后门溜走，在杨日璋小队的截击下，乖乖当了俘虏。

1943年12月31日，在袭击黄光亚部的南蓢战斗中，杨日璋更是表现得英勇机智。在这次战斗中，杨日璋和战友们负责砍开敌营木栅门和铁丝网，攻打地堡群，按计划出色地完成了全歼地堡群敌伪的任务，为迎接1944年元旦的到来和庆祝中山人民抗日义勇大队成立献上了一份厚礼。

1944年4月5日，在袭击石岐附近张溪伪护沙队第五中队战斗中，杨日璋和部分战士在猛烈的火力掩护下发动冲锋，把敌营梁氏宗祠周围的铁丝网踏平，为游击队战士冲入祠堂扫除了障碍。在战斗中杨日璋不幸被从对岸射来的掷弹筒弹反弹的弹片炸至重伤，后因抢救无效，献出了宝贵的生命，时年25岁。

消息传来，杨伯母强忍悲痛，倔强地对前来慰问的游击队指挥部负责人林锵云说："林叔，不要为我难过，我明白，为了民族生存，救国救民，我的儿子牺牲是有价值的。"在那硝烟弥漫的战争年代，不到两年时间，杨伯母接连牺牲了两个儿子，但她没有因为发生不幸的事而消沉，反而一次比一次更坚强。

1945年，日本大量增兵中山，对五桂山区和九区平原发动大规模的"扫荡"之后，占据了五桂山区的一些乡村。但杨伯母没有被吓倒，她串连廖嫂、贺婶、萧伯母等革命群众，保护留在中山坚持斗争的领导同志，为部队收藏枪支弹药。有人问杨伯母："你不怕死吗？"她总是回答说："我对党交给我的任务，感到无比光荣，革命把我和同志们连在一起，为了掩护同志，哪能顾得上个人安危！"大儿子杨日韶牺牲了，杨伯母把大女儿日松送到中山人民抗日游击队当交通员，继承弟弟未竟的事业；二儿子杨日璋牺牲了，她又把两个女儿日增和日芳以及最小的儿子日昕送到部队。

生长在革命家庭的杨日松、杨日增、杨日昕、杨日芳，耳濡目染，受革命精神的熏陶，都勇敢地走上了抗日救国之路。杨日松、杨日增参加游击队

1932年，杨日璋中山县立乡村师范学校附属中心小学五年级成绩报告表。

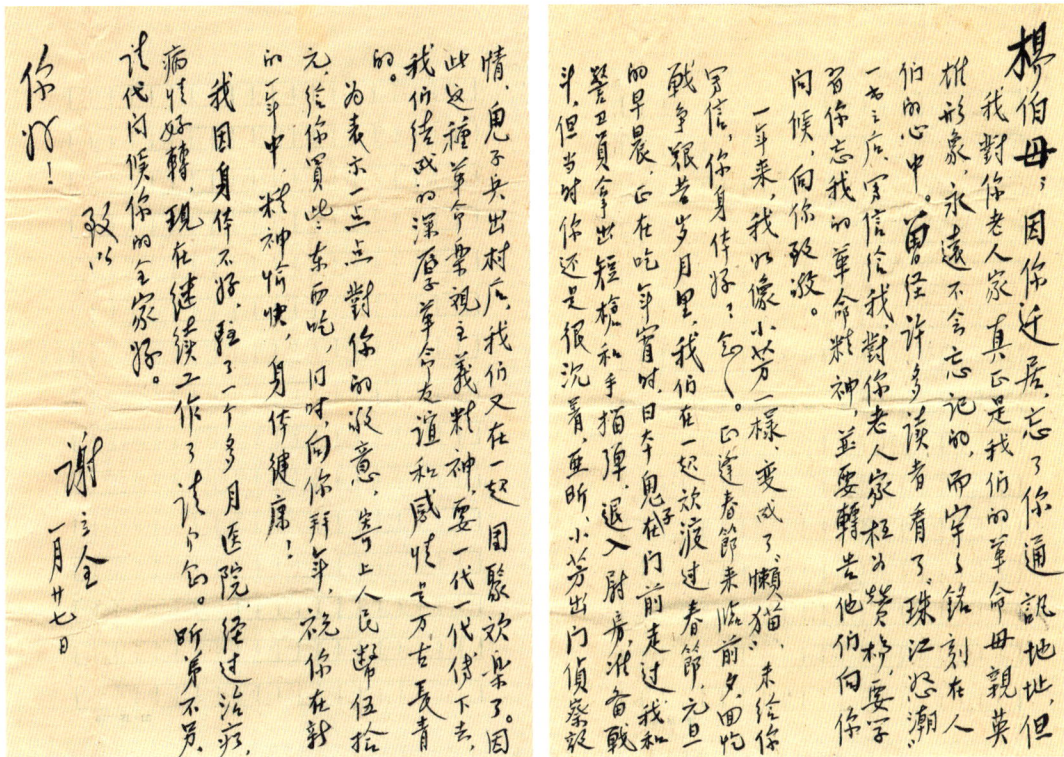

楊伯母：
因你迁居，忘了你通讯地址，但
我对你你老人家真正是我们的革命母亲
形象，永远不会忘记的，而它永铭刻在人
们的心中。曾经许多读者看了珠江怒潮
一书，庆幸信仰我对你老人家极为赞扬，並要
转告我的革命精神，並要转告他们向你
问候，向你致敬。

一年来，我以像小芳一样，变成了懒猫，未给你
写信，你身体好吗？……春节来临前夕，思念你
战争岁月里，我伯在一起欢渡过春节，元旦
的早晨，正在吃年宴时，日本鬼好在门前走过我和
警卫顶拿出枪檢和手榴彈，退入尉房，准备战
斗，但当时你还是很沉着，重昕、小芳出门侦察敌

情，鬼子央出村庆，我们又在一起团聚欢乐了。因
此这种革命警視主義精神要一代一代传下去
我们给成的漢厚革命友誼和感恩老万古长青
的。
为表示一点点对你的敬意，等上人民幣位拾
元，给你买些东西吃，同时，向你拜年，祝你在新
的一年中精神愉快，身体健康！
我因身体不好，住了一个多月医院，经过治療，
疾情好轉，现在建续工作了，請你放心。听身不另。
代我问候你的全家好。
此致
敬礼！
谢立全
二月廿七日
你们！

曾任珠江纵队副队长的谢立全少将写给杨伯母回顾革命友谊的信函

后，负责送情报、送粮食、送药物的工作。13岁的杨日昕参加第二期游击队训练班后，开始为部队传递情报，经常把五桂山筹集到的经费、宣传刊物夹在竹帽的中间，用竹叶盖好，送到番禺大石林锋同志手里。部队领导在屋里开会，杨日昕就在屋外放风；游击队缺衣短药，杨日昕就回家和母亲商量解决；部队缺少弹药，杨日昕有时回到澳门为部队购买。当时年近8岁的黄毛丫头杨日芳已为部队春米、送米，后来又在崖口米站协助游击队管理粮食的储存和调拨工作。

杨伯母一家的革命事迹在抗日战争时期的中山人民以及战斗在中山地区的指战员中无人不知，在中山以至珠三角地区都起到了表率作用，带动周围的人们积极投身抗日，为中山的抗日史写下了光辉的一页。

中山故居

1912年中华民国成立后，翠亨村作为首任临时大总统孙中山的故乡渐为世人所瞩目。早在1913年3月，日本东亚同文会调查编纂部所编的《支那》第5卷第4号就刊登了署名"陶陶居"的《孙中山先生的故乡》一文，这可能是第一篇介绍孙中山故乡翠亨村的文章。

　　1925年4月，香山县为纪念孙中山而改名中山县，"总理故乡"翠亨村成为中外人士瞻仰的圣地，前来参观及调查的党政名流和游客络绎不绝，留下不少诗词和游记。1931年，孙中山胞姐孙妙茜携孙儿迁回翠亨村居住，管理孙中山故居。陆皓东烈士堂侄陆华禧亦协助接待来访宾客及料理日常庶务。20世纪30年代初，国民党中央党史史料编纂委员会的邓慕韩、王斧、钟公任以及学者罗香林等曾到翠亨村调查和采访，记录了不少珍贵史料。1932年，美国夏威夷大学社会学系葛力克（Clarence E.Glick）博士在杨兴成、梁荣陆的陪同下到中山，设研究总部于翠亨村，访问中山及台山等地的回乡老华侨，以及观察华侨对故乡的影响。

　　翠亨还保留下来一张绘制于1931年的翠亨村规划图。在这张规划图中，规划者围绕着孙中山史迹及其追随者为主题，把翠亨村全面规划成一个功能完备的纪念圣地，以孙中山故居为中心，相关的纪念设施有皓东祠、鹤龄祠、达成纪念祠、总理铜像、总理遗嘱碑、总理蒙难纪念碑、各革命烈士先进遗像事迹纪念祠、纪念亭、烈士纪念馆等，村落四面筑修围墙，东南面围墙上刻总理年谱，配套设施有中山图书馆、儿童游乐场、乒乓球室、民众运动场、球场以及公共绿地和利用兰溪开辟的人工湖等，并把在村边经过的岐关公路从兰溪的西岸移到兰溪的东岸金槟榔山脚下。这

民国年间，画家冯钢百绘制的孙中山故居素描。

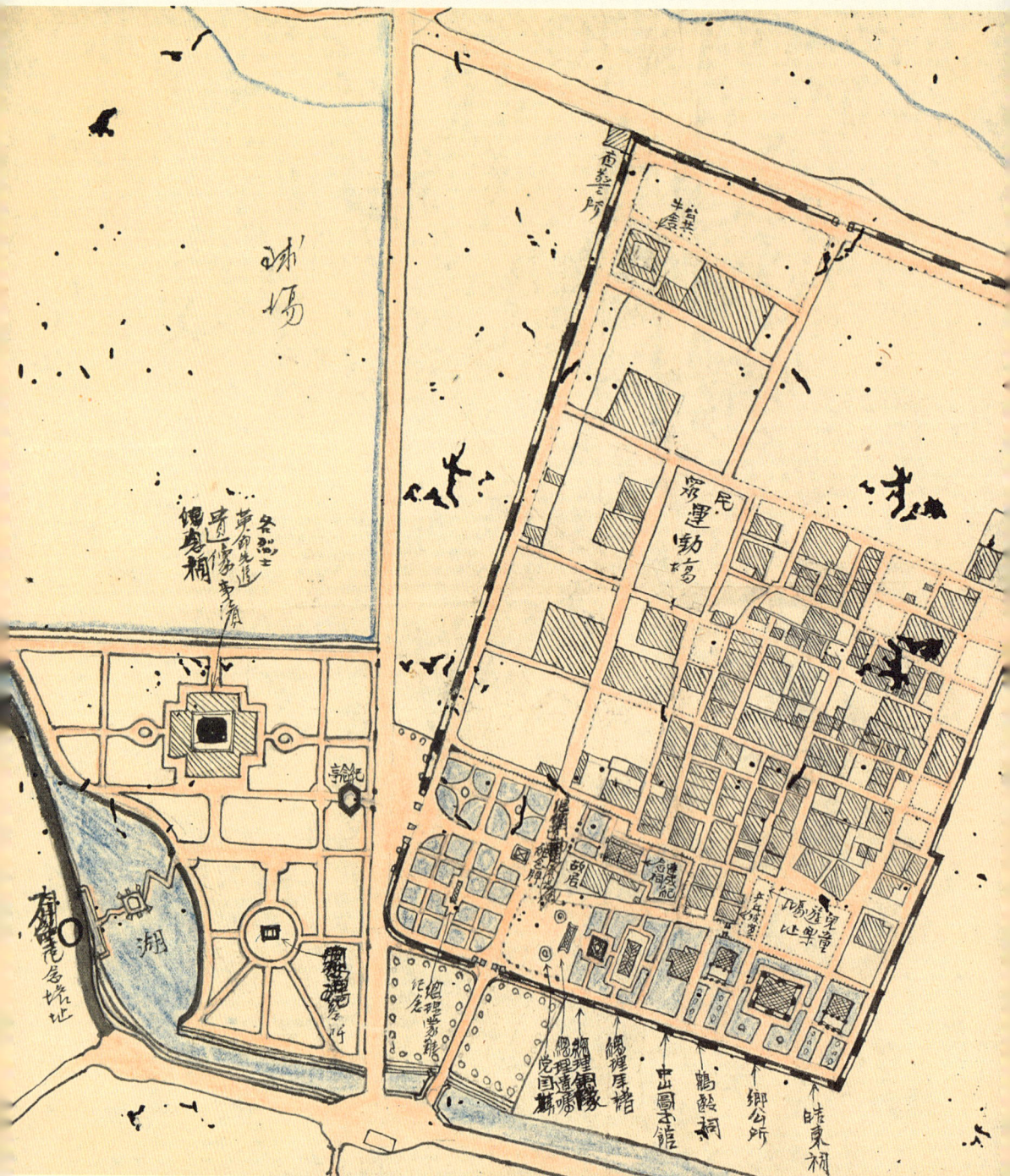

绘制于1931年的翠亨村规划图

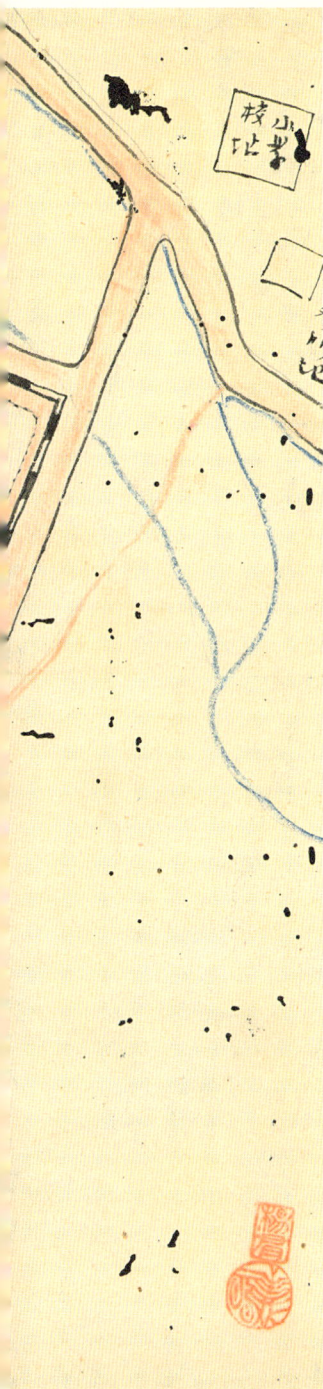

1956年的翠亨村

张规划图应该是孙科提出计划把翠亨村规划成全国示范农村的时期所做，可能是翠亨村有史以来第一次有意识的全面规划，虽然最终只是纸上蓝图，并未实行，但其规划意念仍值得今人参考。

1936年，当时的中国国民党中央为纪念孙中山先生，特派专员到中山要求捐赠故居，以供国人瞻仰。孙眉长孙孙满慨然允诺，从保险箱中取出清朝时所立之纱纸地契、房契交予当时的中山县县长杨子毅转呈中央。据孙满回忆，这张清代所立的孙中山故居的纱纸房契，其上书名产权人是孙眉。

抗战爆发后，孙中山元配夫人卢慕贞及女婿戴恩赛主持把孙中山故居内的酸枝家具及各样物件搬往澳门文第士街的孙公馆（今澳门"国父纪念馆"），至1946年10月，才把这些家具搬回翠亨，客观上使孙中山故居文物减少损失。而当时一同迁往澳门的日本梅屋庄吉先生赠送、原屹立于翠亨故居前的孙中山铜像，并未一同迁回，至今仍立于澳门"国父纪念馆"花园，供人们瞻仰。

抗战结束之后，孙妙茜姑太感到年纪渐老，搬回崖口村夫家居住。在孙妙茜的要求下，翠亨村另聘人管理孙中山故居，由中山纪念中学每年拨出1200斤谷作为薪资。

1956年，孙中山故居纪念馆成立，开始对孙中山故居进行有效的保护，复原孙中山生活时代的布置，并购下附近一所旧房子辟作辅助陈列馆，同时积极开展文物征集和史料调查工作。1965年，孙中山故居被列为广东省首批重点文物保护单位。1966年，孙中山诞辰100周年之际，由省委及县委拨款，在翠亨韵园的旧址兴建一座占地约600平方米的陈列馆，宋庆龄亲笔题写"孙中山故居陈列馆"的匾额。

"文化大革命"期间，孙中山故居并未受到太大的冲击。当时亲历的管理人员回忆与"破四旧"红卫兵斗智斗勇的经过：

> 在"文化大革命"时期，中山纪念中学的破"四旧""大军"驰骋各地。但是对孙中山故居的"四旧"东西，只有小部分同学"光顾"到。有一两个战斗队认为故居正厅屏风的蝙蝠是"四旧"，酸枝椅的寿字是"四旧"，神龛正中最高的金色圆形物（太阳）是"四旧"，通通要砸烂。我们说：这些是受国家保护的文物，不能随意砸烂。纵使要砸烂，我们单位有革命派，会自行处理。我们认为：天天祝毛主席"万寿无疆"，寿是好事，却说成是"四旧"；蝙蝠是动物，除害虫的，又说是"四旧"；至于金太阳，比红太阳更好，红太阳早就在我们心中升起了。他们见我们没有行动，就拿出封条来，要把"四旧"东西封起来。但要封离地很高的金太阳，他们缺乏升高工具是很难封到的。我们劝说："小心些，很危险，会跌死人的。"他们知难而退。后来下一"通牒"，限我们革命派三天内处理，不然，他们来砸烂。我只好找到在纪中读书的翠亨村学生杨岳根等人，请他去学校找同情我们的学生帮忙。听说当晚两派不同观点的学生在校园进行大辩论，主张要砸烂的派系势孤，次日只好装腔作势，几个人在故居门口高喊一轮破"四旧"口号后，撕去"最后通牒"走了。我们还向杨东顺、谭大根等翠亨农民说学生这件事，农民很生气地说，谁敢乱动，我们决不放过他们。我们这次去"煽风"，得到农民支持，不怕孤立，感到安慰。

"文化大革命"结束后，孙中山故居纪念馆的发展及对翠亨村众多名人故居及其活动遗址的管理和保护方面，得到了国家有关领导、部门以及广东省和中山市各级主管部门的高度重视，管理范围不断扩大，馆容馆貌

1966年，群众参观新落成的孙中山故居陈列馆。

"文化大革命"期间，群众在孙中山故居前学习毛泽东语录。

孙中山故居纪念馆大门

日新月异，陈列水平得到改进和提高。1986年10月，孙中山故居被列为全国重点文物保护单位。

20世纪90年代以来，孙中山故居纪念馆也进入了新的发展阶段。在改革开放、珠江三角洲进入商品化和工业化的社会大潮中，地处珠江三角洲腹地的孙中山故居纪念馆怎样确立自己的前进方向和业务发展道路，怎样找准和唱好自己建设和发展的主旋律呢？孙中山故居纪念馆萧润君馆长对多年的思考与实践作了很好的总结：

面对着接踵而来的各种现代潮流，孙中山故居纪念馆坚持文物保护法"保护为主，抢救第一，合理利用，加强管理"的原则方针，一方面确保孙中山故居及馆藏文物的安全，不断提高文物保护、陈列展示和业务研究水平，同时明确文物保护不仅是保护文物本身，也包括对文物周边环境的保护的思路，确立保护文物环境求发展的理念，不断扩大对翠亨村建筑及历史文化的保存和守护。

目前孙中山故居纪念馆全馆占地面积约14万平方米，其中向公众开放区域约9万平方米，分为孙中山纪念展示区、翠亨民居展示区、翠亨农业展示区、杨殷陆皓东纪念展示区等展览区域，确立以"孙中山及其成长的社会环境"为主题，兼具历史纪念性和民俗性的、立体的、多元化的陈列展览体系。孙中山故居纪念馆目前的管理范围包括：全国重点文物保护单位孙中山故居，广东省重点文物保护单位陆皓东故居和杨殷故居，中山市文物保护单位孙眉墓、冯氏宗祠、陆皓东墓、孙达成墓、孙昌墓等翠亨村周围二十多处文物点。

近年来，一些地方不断出现文物保护与基本建设的矛盾和冲突。"发展旅游是振兴经济的万应灵丹"的浮躁思维，使文物保护单位及环境面临建设性的破坏。在一些地方大兴土木拆旧建新之际，为了保护孙中山故居周边环境，孙中山故居纪念馆却在拆新复旧，陆续购置了孙中山故居周边的翠亨民房，组建"中山市民俗博物馆"，开辟翠亨民居展示区，复原布置了富有人家、贫穷人家、中等农家、侨眷家庭、陈兴汉故居、豆腐制作家庭、药材铺、杂货店、竹器编织作坊、木器制作作坊、理发店等以及更楼、街市亭等，辅以"翠亨民俗展览"，立体再现了翠亨村当年社会各阶层家庭的生活状况，各种行业的生产以及当地的民间习俗，突出孙中山故乡的人文景观和自然景观，丰富了孙中山生平史迹陈列有限空间和有限表

翠亨民居展示区"豆腐制作家庭"内景

现手段所不能表达的内涵，再现孙中山先生诞生与成长的社会背景，以及珠江三角洲的传统民俗风情。通过翠亨民居展示区的建设，抢救和保护了翠亨村清末民国的一批民居和民俗文物，并且在孙中山故居与村中新建的村民住宅之间形成隔离带，恢复了孙中山故居周边的历史风貌。

翠亨村本来就地少人多，随着经济的发展，耕地更是日益萎缩。在翠亨民居展示区取得成功之后，孙中山故居纪念馆又开辟了翠亨农业展示区，在农民洗脚上田的时候，为保护孙中山故居的环境风貌脱鞋下田。翠亨农业展示区原是土名为"龙田"的一块耕地，其中有2亩多曾由孙中山和他的父辈耕种过。目前该区域大约有60亩的面积，展示区保留了原来的水稻种植区，并种植近百种作物开辟了"作物种植区"，设置了"水稻耕作农具展览"和禽、畜饲养区，以及介绍珠江三角洲特有农业生态的桑基鱼塘区，并且还有介绍无土栽培等现代农业方式的现代农业展示区。透过农业展示区，使青少年一代了解农业、了解农村、了解农民、了解孙中山出生成长的社会历史环境，同时也是绿色生态农业示范区。它进一步充实、丰富了孙中山故居纪念馆的展示体系，更好地发挥全国爱国主义教育示范基地的作用，更好地实现社会教育的职能。

为保护翠亨村的历史风貌，孙中山故居纪念馆制定了环境规划建设的

翠亨民居展示区

原则："以孙中山故居为中心，保护文物及其环境，营造朴素、庄重、高雅、有深厚历史和文化内涵的纪念氛围；保护翠亨村清末民初及其之前风格的建筑物，适当保留20世纪80年代及之前各时期的建筑物，逐步改造或拆除近年所建的、没有留存价值的、与环境不协调的建筑物；严格控制新建筑物；新设计建设的建筑物，统一在清末旧民居或孙中山纪念馆两种风格上；保护绿化，允许灌木和草地适当调整，原有的乔木不得随意移动和砍伐；适当增加历史、民俗或纪念题材的艺术品。统一规划，分步实施。"

翠亨民居展示区

1999年11月12日落成并对外开放的陈列展览业务综合楼——孙中山纪念馆，建筑和展览设计都注意尽量减少对翠亨村历史风貌的影响，导入了孙中山故居的部分建筑符号，内部装饰则以现代装饰理念统揽当地传统的建筑材料，使建筑、装饰、展览协调统一，内外风格浑然一体，得到了各方面的充分肯定。孙中山纪念馆展出的"孙中山生平史绩"及"孙中山的亲属与后裔"两个固定陈列的形式设计坚持和孙中山故居、翠亨民居风格协调统一，坚持传统和朴素的格调下融入现代设计理念和先进科技手段，营造出庄严、肃穆、明快、高雅、富有历史内涵的纪念氛围。"孙中山生平史绩"陈列曾荣获1999年度全国十大陈列展览精品奖。

目前普遍认为，国际上历史文化遗产保护的实质应该是为降低文化遗产和历史环境衰败的速度而对变化进行的动态管理。保护历史文化遗产要走可持续发展之路，要认真守护历史文化遗产并维持其生命力，所保护的不再仅仅是单个的文物建筑，而是包括它所存在的历史环境景观。孙中山

翠亨农业展示区"水稻耕作农具展"

翠亨农业展示区的寮，寮是过去贫穷人家住的房屋。

故居纪念馆通过购买、租用、托管、捐赠、交换等多种形式，不断扩大对翠亨村历史建筑的控制和保护；正确处理好与村民的利益关系，提高村民对翠亨村文化保护的意识与责任，推动全员参与；在政府和主管部门的支持下，加强历史建筑的维修和保养，近年先后对孙中山故居、杨殷故居、冯氏宗祠、陆皓东故居等进行了维修加固；建立健全由多部门联合定期检查和巡视历史建筑的制度，使历史建筑处于有效的保护监控之下；同时注重搜集翠亨村的历史与民俗文物，重视调查采访及记录口述史料，加强对翠亨村历史文化的保存和研究。近年陆续收购了在孙中山故居保护范围内的原翠亨村镇政府占地约10000平方米的办公大院和占地约5000平方米的翠亨文化广场以及原翠亨村镇公安分局大院。既加强了对文物环境的保护和控制，同时，也是"拥有资源便拥有发展的后劲"理念的实施。2006年，翠亨村成功申报并被列为中国历史文化名村。

孙中山故居纪念馆还在业务基础上组建"中山市孙中山研究所"，与国内外及港、澳、台地区的博物馆和研究机构建立了广泛的交流合作关系，邀请国内外著名学者前来交流及举行讲座，不定期举办国际及全国性学术会议等活动，并先后合作建立了"广东省社会科学院孙中山研

翠亨农业展示区

孙中山故居纪念馆园区晨曦

宋庆龄题"中山故居公园"

究基地"及"中山大学中国近现代史教学实践基地",以推动业务工作开展,促进文物保护、研究与利用的水平。成立逸仙图书馆,开发"孙中山数据库",致力构建传统文献与电子数据相结合的"孙中山研究文献与信息中心"。

孙中山故居纪念馆对待文物古迹,坚持"顽固守旧"求发展;同时,以新的思维和观念,以高新科技手段,在业务和管理的内涵上求提高。孙中山故居纪念馆拥有比较完善的的数字化、网络化、智能化管理设备;1994年开通馆内的电脑局域网,1998年7月在国际互联网上开通了孙中山故居纪念馆的网站(www.sunyat-sen.org),走在全国同行的前列,成为互联网上孙中山、宋庆龄与近代中国研究与成果利用的互动平台和信息资料中心;1995年起,把企业常用的CI设计理念引入,树立和提升自身的形象和文化;在全国博物馆系统中率先引入ISO9001国际质量管理体系和ISO14001国际环境管理体系并通过认证,大大提高了对翠亨村历史文化资源保护管理的层次和水平,实现了与国际公认的科学的管理模式接轨;聘请业务、法律、管理顾问指导和帮助本馆开展各项工作;在注重有形经营的同时,注重利用和扩大孙中山故居的无形价值所带来的效益,在取得良好的社会

孙中山纪念馆

孙中山纪念馆序厅

效益、环境效益的同时争取良好的经济效益；在不断拓展自身生存和发展的资源空间的同时，实现建设、发展的良性循环。

多年来，孙中山故居纪念馆的发展及对翠亨村历史文化资源保护的努力得到各级政府、文物主管部门及社会各界的认同和支持。邓小平、朱德、胡耀邦、叶剑英、邓颖超、乔石、杨尚昆、李瑞环、朱镕基、李鹏、江泽民、胡锦涛、温家宝、贾庆林等党和国家领导人先后到孙中山故居纪念馆参观视察。2004年12月，胡锦涛总书记参观考察孙中山故居纪念馆后作出"你们保护得很好"的评价。

孙中山故居纪念馆先后获得并保持着"全国精神文明建设工作先进单位"、"全国文化先进集体"、"全国爱国主义教育示范基地"、"国家

AAAA级旅游景区"、"国家一级博物馆"等荣誉称号。

翠亨村是中国民主革命的伟大先驱孙中山先生出生和成长的地方,是中国以至全世界最重要的孙中山纪念地之一。翠亨村孕育出前赴后继的三代革命者,领导与投入近现代中国人民挽救民族危亡、争取民族解放的时代潮流,作出巨大的贡献和牺牲。翠亨村这个华南最普通不过的小乡村也因而名扬天下,成为对近百年中国史怀有"温情与敬意"的炎黄子孙心目中的圣地。

地灵人杰的翠亨村又是一个历史文化内涵丰富的濒海小山村,保存了华南地区丰富的民俗文化、乡土建筑、乡村建设的历史遗存,具体而微地展现出岭南文化、侨乡文化以及革命文化交融的历史景观。每一步迈出去,都会感受到沉沉的历史回音;每一眼望出去,都会领受到悠悠的文化香醇。

翠亨村堪称近代中国革命圣地和华南传统乡村缩影。多年来,来自国内各地的各界人士和港、澳、台同胞以及来自世界各地的华侨和外国观众超过千万,由此可见翠亨村的影响力和凝聚力。

翠亨村的保护及孙中山故居纪念馆的发展一直得到党和政府的重视与支持。"当全世界千城一面的时候,惟有文化保存能给一个城市特色与个

《孙中山生平史绩》展览一角

孙中山故居纪念馆园区的孙中山与宋庆龄铜像

性。文化保存逐渐会变成——或者早已经是——一个城市最大的资产。"
城市如此，乡村又何尝不是。真正的保护不再是简单重现已逝去的旧时风
貌，而应有一个贯穿过去、现在和未来，富于历史感的文化理念，去保留
现存的历史文化遗产，培育出根植于传统文化和自然风土中的现代景观，
充分发挥其传承历史文化以及促进现代社会经济文化发展的作用。地灵人
杰的翠亨村必将得到充分的保护和深入的研究而更好地焕发光彩。

后　记

　　因为孙中山先生的缘故，翠亨村早受世人瞩目。1913年3月，日本东亚同文会调查编纂部所编的《支那》第5卷第4号刊登的署名"陶陶居"的《孙中山先生的故乡》一文，可能是第一篇介绍翠亨村的文章。民国年间，中国国民党中央党史史料编纂委员会的邓慕韩、王斧、钟公任以及著名史学家罗香林教授等为研究孙中山的家世及早年史迹，先后多次到翠亨村调查，留下不少有价值的访问记录和著作。

　　新中国成立后，第一个到翠亨村调查访问的学者是中山大学的陈锡祺教授。2007年8月1日，我们到广州中山医二院南院探望陈锡祺先生，病榻上的陈先生当时言谈已不是十分条理和清晰了，但仍断断续续忆述20世纪50年代陪同苏联学者初次访问翠亨村的往事，并念念不忘强调坚持深入扎实开展孙中山与近代中国的调查和研究工作的重要性，那一刻至今难忘。现在陈先生虽然去世了，但他毕生致力于孙中山研究的精神仍然激励着我们积极开展业务研究工作。

　　翠亨孙中山故居纪念馆自1956年11月成立之日起，便积极征集和调查关于孙中山与故乡的文物、文献及口述史料；近年又确立以"孙中山及其成长的社会环境"为主题，开展文物征集、陈列、宣教、研究各项业务，积极为来自国内外的专家学者在翠亨一带开展调查和研究工作提供方便。本书的撰写，便极大地得益于孙中山故居纪念馆多年来积累的珍贵文物、文献以及国内外专家学者们的丰富研究成果。

　　过往的相关研究多聚焦于孙中山及其家庭，本书则在翠亨村村落的历史、建筑、民俗、信仰以及孙中山的同乡追随者等方面稍多着墨，以期加深人们对孙中山早年成长的社会环境的理解。需要说明的是，本书撰写的出发点只是希望对翠亨村的历史文化有所介绍，因此行文便尽量简化对具体史实的详细辨识考订，许多重要的问题也没有展开，事实上翠亨村丰富的历史文化内涵不是这本小书所能完全容纳的。一本严谨而较有深度的相关论著或许会是我将来继续努力的写作计划之一。囿于本书的撰写体例，书中不设注释，但对于引用的史料出处和前辈、时贤的研究成果，我已尽量在正文行文中简略说明，力求遵守基本的学术规范。书中若仍有与既有研究成果相近或相同之处，而本书遗漏说明的，不管因何原因，"发明"权都自应属于发表在前者，疏漏之处，请读者见谅。本书收录的文物及历史照片，以及翠亨村与孙中山故居纪念馆今貌的照片，除书中特别注明之外，均由翠亨孙中山故居纪念馆提供。

本书得以撰写完成并被纳入"孙中山与翠亨历史文化丛书"出版，首先应该衷心感谢的是孙中山故居纪念馆萧润君馆长，感谢他对我日常工作及学习的理解、支持、包容和鼓励。本书虽由我执笔撰写，但萧馆长对翠亨村的了解和认识，无疑比我更多。

本书撰写过程中，林华煊、张咏梅、杨春华、杨洁珠、刘小杭、胡俊、李国生等同事为馆藏文物及文献的提用、翻拍和扫描给予了大力支持；李宁、楚秀红协助了古建筑的测绘和拍摄工作；谭伯光对于车辆的安排使用以及周杏桃、李文德为书稿的打印等提供了方便；孙中山故居纪念馆各位同事在日常工作中给予的大小帮助不胜枚举，我虽未能一一列名于此，但全都铭记于心。

衷心感谢陆皓东烈士之孙陆玉廷、杨殷烈士的女儿杨爱兰、杨鹤龄的儿媳林冠群、孙妙茜曾孙杨连逢、"革命母亲"谭杏的女儿杨日松，以及孙社正（已故）、杨维燕（已故）、杨帝俊、杨美美、陆少球、何培、陈佩兰、刘妙汝等先生和女士，还有许多我只知叫他（她）"阿叔"、"阿公"、"叔母"或"姑婆"，而未能清楚记住他们名字的翠亨村民和华侨，我从他们的言谈中所得到的翠亨村印象远比仅从文献中获知的丰富和鲜活。中山市孙中山研究会李伯新先生、陈迪秋女士以及南开大学图书馆邹佩丛副研究员、南开大学历史系邓丽兰副教授对孙中山与翠亨村史事素有研究，我从他们那里获益良多。

衷心感谢冒着酷暑测绘翠亨村重要的古建筑立面及平面图的广州市文物考古研究所黄佩贤老师，以及重新绘制翠亨村新、旧两幅建筑分布图的冯水允先生，他们的辛勤劳动补充了本书不可或缺的重要内容。广东省立中山图书馆、台北中国国民党文化传播委员会党史馆、香港大学图书馆、中山市档案馆、中山市规划设计院等单位提供的馆藏文献和图片，使本书增色不少。

衷心感谢中山大学历史系邱捷教授及原中国文物研究所书记兼副所长、孙中山故居纪念馆高级顾问盛永华研究员拨冗审阅本书的初稿。邱捷教授对书稿细致的批注，指正了各种大大小小的错误和疏漏，本书的许多观点，其实都自觉或不自觉地得益于他的言谈与著作。

中山大学历史系林家有教授、梁碧莹教授、邱捷教授、刘志伟教授、程美宝教授、吴义雄教授等各位老师，多年来对我的学习、工作的教诲和帮助，我满怀感激之情。我时时觉得从他们身上学到的关于治学和做人的道理，甚至比在学校念书时更多。

生我养我的亲爱的父母亲对我的殷切关怀与爱护，使我时时感受到家庭的温暖，这绝不是一声感谢就可以涵括和表达的。"谈深新雨浑如旧，住久他乡已似家。"转眼间我已经在翠亨村工作、生活了八年之久，对于人生来说，八年的时间不算长也不算短。想到因为这样那样的原因，不能在故乡常伴父母左右，时有发自内心的歉疚感，这种歉疚感激励着我努力工作和学习，积极地面对每一天的生活。

黄健敏

2008年10月1日于孙中山故居纪念馆